POLYGLOTT

ROM

ON TOUR

DIE AUTORIN

RENATE NÖLDEKE

Die Autorin studierte Kunstgeschichte, Geschichte und Volkskunde. Die kulturellen Schätze, aber auch die kulinarischen Genüsse Italiens locken sie immer wieder gen Süden, häufig nach Rom und dort besonders zu den Ausgrabungen am Forum Romanum. Ohne frisch gerösteten *caffè* geht aber gar nichts!

Unser E-Book-Code zur elektronischen Erweiterung des POLYGLOTT on tour. Das kostenlose E-Book enthält die im Reiseführer aufgeführten Adressen entlang der Touren, beispielsweise zu Essen und Trinken, Shoppen, Aktivitäten und Hotel-Tipps. Links auf einen externen Kartendienst vereinfachen das Auffinden dieser Adressen.

WWW.POLYGLOTT.DE

6 TYPISCH

20 REISEPLANUNG & ADRESSEN

44 LAND & LEUTE

SEITENBLICK

ERSTKLASSIG

ALLGEMEINE KARTEN

STADTTEIL-KARTEN

SYMBOLE ALLGEMEIN

- Erstklassig: Besondere Tipps der Autoren
- Seitenblick: Spannende Anekdoten zum Reiseziel
- 12 Top-Highlights und
- Highlights der Destination

TOUREN & SEHENSWERTES

TOUR-SYMBOLE

- 1 Die POLYGLOTT-Touren
- 6 Stationen einer Tour
- 1 Zwischenstopp Essen & Trinken
- A1 Die Koordinate verweist auf die Platzierung in der Faltkarte
- a1 Platzierung Rückseite Faltkarte

PREIS-SYMBOLE

	Hotel DZ	Restaurant
€	bis 100 EUR	bis 30 EUR
€€	100 bis 200 EUR	30 bis 50 EUR
€€€	über 200 EUR	über 50 EUR

ZEICHENERKLÄRUNG DER KARTEN

- (Seite=Kapitelanfang) beschriebenes Stadtviertel
- 10 E h Sehenswürdigkeiten
- 10 Zwischenstopp Essen & Trinken
- 4 Tourenvorschlag
- Autobahn
- Schnellstraße
- Hauptstraße
- sonstige Straßen
- Fußgängerzone
- Eisenbahn
- Staatsgrenze
- Landesgrenze
- Nationalparkgrenze

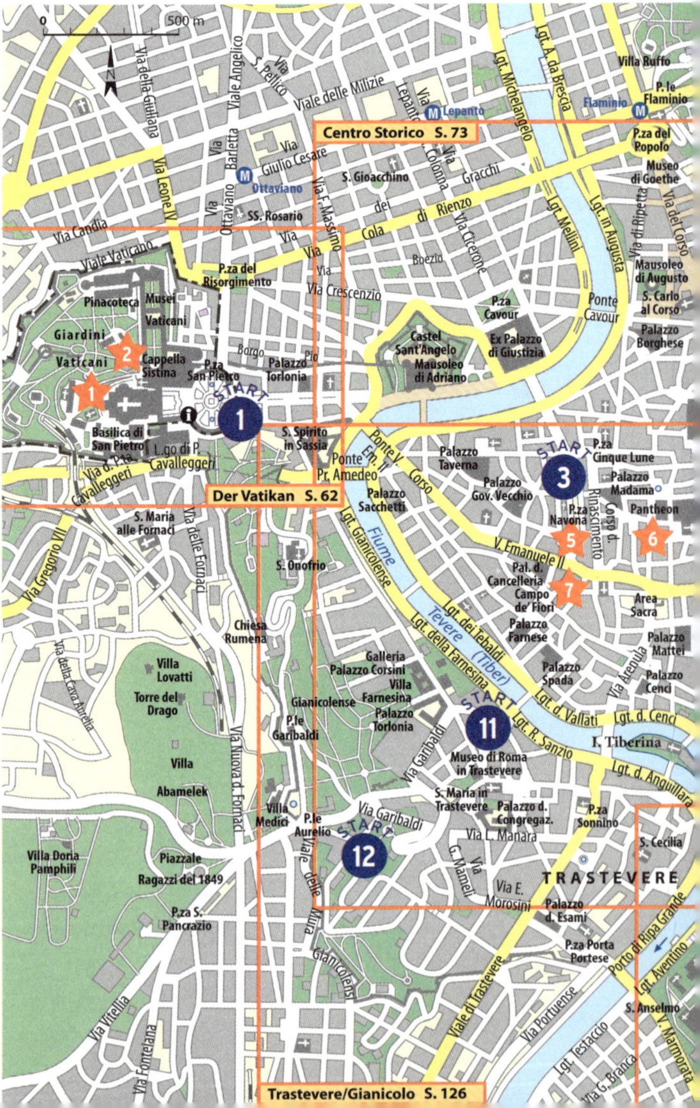

Perfekte Planung > Parallel vordere Klappe aufschlagen

TOP 12 HIGHLIGHTS

Beim Spaziergang rund um das Kolosseum fühlt man sich in die Antike zurückversetzt

TYPISCH

ROM IST EINE REISE WERT!

Die italienische Hauptstadt bietet eine in der Welt einmalige Symbiose aus Alt und Neu: das Neben- und Übereinander jahrhunderte- wie jahrtausendealter Architektur, eine überbordende Zahl an Meisterwerken der Kunst aller Epochen, dazu der bunte Trubel auf Märkten, Plätzen und Straßen und die einladende Art der Römer, das Leben zu genießen.

RENATE NÖLDEKE
Die Autorin studierte Kunstgeschichte, Geschichte und Volkskunde. Die kulturellen Schätze, aber auch die kulinarischen Genüsse Italiens locken sie immer wieder gen Süden, häufig nach Rom und dort besonders zu den Ausgrabungen am Forum Romanum. Ohne frisch gerösteten *caffè* geht aber gar nichts!

Salve! Der Rombesucher hat richtig gehört – aber der lächelnde Mann in der Caffè-Bar ähnelt dem strengen Lateinlehrer nicht im Geringsten. Vielmehr heißt er jeden mit dem typisch römischen Gruß willkommen. Endlich in Rom! Angekommen mit dem Nachtzug im morgendlichen Chaos der Stazione Termini, stehe ich etwas zerknittert und verwirrt im Getümmel von Menschen, die aus Bahnen und Metrolinien zur Arbeit drängen.

Längst ist Rom über die Grenzen der Aurelianischen Stadtmauer des 5. Jh. weit in die ländliche Campagna Romana hineingewuchert – so gesehen unterscheidet sich die italienische Hauptstadt kaum von anderen europäischen Metropolen. Aber: Den Koffein-Kick holt man sich hier nicht als *Coffee to go* im Pappbecher, sondern schlürft ihn stilvoll aus der kleinen, dickwandigen Espressotasse. Auf die italienische Kaffeekultur! Ein, zwei Schluck im Stehen – mit ordentlich viel Zucker – und ein paar nette Worte vom Barista versüßen den Römern den Start in den Tag. Und ich gönne mir dazu ein *cornetto con crema*, lausche dem Kling-Klang von Tassen und Löffeln und dem Klick-Klack der Stöckelschuhe von schicken Römerinnen in der weitläufigen Bahnhofshalle. Der Barista verabschiedet mich schnell wie eine alte Bekannte und ein nicht mehr junger Mann faltet kurz seine rosafarbene »Gazetta dello Sport« zusammen, um mir viel Spaß in Rom zu wünschen.

Salve! Mein erster Gang in der Ewigen Stadt führt mich direkt ins einstige Zentrum des römischen Weltreichs: zum Kolosseum – wohl bekannt aus dem Geschichtsunterricht und mehr noch aus den italienischen Sandalenfilmen –, ins Forum Romanum und auf den Palatin. Das Kombiticket für die archäologischen Highlights dank Onlinekauf schon in der Tasche, schreite ich an der wartenden Besucherschlange vorbei. Zwischen zwar bröckelnden, aber immer noch eindrucksvollen Monumenten ragen stolz Marmorsäulen und Triumphbögen in den blauen römischen Himmel. Stets von Neuem beeindrucken mich die riesigen Ausmaße der Trajansmärkte – im Vergleich dazu wirkt die edle Einkaufspassage Galleria Alberto Sordi geradezu bescheiden. Nach wie vor kaufen Römer und Römerinnen gern ein – besonders Mode. Die ganz große Bühne bietet die Spanische Treppe, im Sommer für die neuesten Modelle der römischen Fashionistas.

Roms *ewige* Geschichte inspiriert nicht nur Künstler, sondern jeden Besucher, die Stadt ist Metropole von heute und gleichzeitig grandioses Freilichtmuseum: Obelisken, Thermen, Brunnen, Paläste und Kirchen mit wertvollen Kunstschätzen. Mal sind es glänzende frühchristliche Mosaiken oder orientalisch anmutende Cosmatenböden. Hier ein Altarbild von Caravaggio, dort von Raffael, dann wieder eine Skulptur von Bernini und ein Werk von Michelangelo.

Eigens eine Reise wert sind Roms Museen: allen voran die Vatikanischen mit der sagenhaften Sixtinischen Kapelle sowie die Kapitolinischen mit der Romulus und Remus säugenden Bronzewölfin, die übrigens zusammen mit der Abkürzung S.P.Q.R. das allgegenwärtige Zeichen der Kommune Rom ist. S.P.Q.R. steht für *Senatus Popolusque Romanus* (Senat und Volk von Rom), und nicht, wie Obelix meinte, für *Sono Pazzi Questi Romani* (Die

Weithin sichtbar ragt die 40 m hohe Trajanssäule auf

Gasse abseits des Trubels

spinnen, die Römer). Dieses Hoheitszeichen der Römischen Republik, auf Bussen und Kanaldeckeln allseits präsent, drückt den Stolz der Römer auf ihre Stadt aus. Und dementsprechend werden Ihnen Römerinnen und Römer behilflich sein, wenn Sie nach dem Weg, dem nächsten Bus oder einem empfehlenswerten Restaurant fragen.

Im sonnenverwöhnten Rom spielt sich das Leben auf der Straße ab, nicht nur auf den großen Plätzen, sondern auch in den verwinkelten Gassen der Altstadt. Nicht vergessen: Wer eine Münze in den Trevibrunnen wirft, kehrt garantiert hierher zurück! Um z. B. bei Giolitti das schokoladigste Schokoladeneis der Stadt, vielleicht sogar der Welt, zu genießen. Rund um die Piazza Navona und den Campo de' Fiori locken zudem Caffè-Bars mit exzellentem selbst geröstetem Kaffee und leckeren *Tramezzini* sowie gemütliche Trattorien mit bodenständiger römischer Kochkunst.

Auf der Engelsbrücke geht es über den Tiber Richtung Peterskirche. Je näher man dem Vatikan kommt, desto mehr lassen sich auch nüchterne Protestanten von den fröhlich gestimmten Gläubigen mitreißen. Nicht weit vom Petersplatz startet die Tramlinie 19, die quer durch die Stadt zu den Gärten der Villa Borghese zuckelt. Nach so vielen Eindrücken gönne ich mir ein Nickerchen unter duftenden Pinien, begleitet vom munteren Geschrei spielender Kinder. Alles andere kann warten – Rom wurde schließlich auch nicht an einem Tag erbaut. Die Mischung aus hochkonzentrierter Kultur, quirligem Leben und gelassenem Lebensgefühl macht die Ewige Stadt immer wieder zum Erlebnis, ob tagsüber oder nachts, ob für ein Wochenende oder eine Woche. Und die Römer heißen Wallfahrer und Kunstfreunde, Weltenbummler und Nachtschwärmer gleichermaßen herzlich willkommen. Salve!

WAS STECKT DAHINTER?

Die kleinen Geheimnisse sind oftmals die spannendsten. Hier werden die Geschichten hinter den Kulissen erzählt.

WARUM STEHEN IN ROM 14 OBELISKEN?

Die Stelen aus Marmor, Porphyr und Granit sind zum Teil schon jahrtausendealt. Acht Obelisken gelangten als Kriegsbeute von Tempeln aus Ägypten hierher, fünf gaben römische Kaiser in Auftrag. Als Zeichen der Macht des römischen Reichs wurden sie in Rom aufgestellt. Das Mittelalter jedoch überstanden die Obelisken nicht, sie wurden gestürzt und blieben verschüttet, bis man sie Jahrhunderte später wieder entdeckte. Die Päpste des 16./17. Jhs. bezogen ausgegrabene Exemplare in die Neugestaltung der Stadt ein, um die weiten Plätze mit klaren Sichtachsen zu akzentuieren und auswärtigen Pilgern den Weg zu weisen. Nur das Exemplar auf dem Foro Italico ließ Mussolini 1938 fertigen.

WARUM TRAGEN GÖTTER UND HEROEN FEIGENBLÄTTER?

Es ist eine Legende, dass Papst Pius IX. den antiken Statuen im Vatikan höchstpersönlich die Penisse abschlug – sie waren einfach nur besonders bruchgefährdet. Jedoch ließen die Päpste im 18./19. Jh. die ohnehin knabenhaft kleinen Genitalien schamhaft verhüllen – meist nicht mit Feigen-, sondern mit Weinblättern aus Gips oder Blech. Heute werden im Vatikan fehlende Blätter nicht mehr ersetzt.

WARUM GILT TESTACCIO ALS ROMS SCHERBENVIERTEL?

Der Begriff beschreibt das frühere Schlachthofviertel Testaccio › S. 124 nicht wie andernorts im übertragenen Sinn als sozial verwahrlostes Viertel, sondern ist wörtlich zu nehmen. Denn hier, nahe dem alten antiken Tiberhafen, wurden die tönernen Scherben kaputter römischer Amphoren, ausgediente Transportbehälter für Wein, Öl oder Garum (Würzsoße aus vergorenem Fisch), säuberlich zu einem Hügel aufgeschichtet. Später wuchs Grün auf der antiken Müllhalde, aber bis heute sind die Stapel am Rande der Anhöhe deutlich zu erkennen. Und die schönen Spazierwege hinauf führen direkt über die jahrtausendealten Scherben.

WARUM KNALLT ES MITTAGS AUF DEM GIANICOLO?

Seit 1847 wird jeden Tag mittags um Punkt 12 Uhr eine Kanone oberhalb der Stadt abgefeuert. So erreichte Papst Pius IX. damals, dass alle Glocken von Rom gleichzeitig zu läuten anfingen. Die Kanone, die von drei Soldaten gezündet wird, steht seit 1904 auf dem Gianicolo unterhalb des höchsten Punkts des Hügels mit dem Denkmal für Giuseppe Garibaldi. Heute erinnert der Knall daran, dass zwar alle ihre Uhren, aber kaum mehr Zeit haben.

50 DINGE, DIE SIE ...

Hier wird entdeckt, probiert, gestaunt, Urlaubserinnerungen werden gesammelt und Fettnäpfe clever umgangen. Diese Tipps machen Lust auf mehr und lassen Sie die ganz typischen Seiten erleben. Viel Spaß dabei!

... ERLEBEN SOLLTEN

1 Jahrtausende im Schein der Taschenlampe Die spannende Besichtigung der vielschichtigen Kirche San Clemente > S. 114 führt vom 12. Jh. hinunter ins Rom des 4. und 1. Jh. n. Chr.

2 Morgendlicher Marktbesuch Campo de' Fiori > S. 90, sieben Uhr früh: Rom ist erwacht und bei einem *caffè* mit einem *cornetto con crema* lässt sich das geschäftige Treiben der Marktleute genießen.

Früchte und Gemüse aus Italiens Gärten auf dem Markt Campo de' Fiori

3 Römischer Sonntagsausflug In den Gärten der Villa Borghese > S. 105 lockt der Giardino del Lago, denn bei einer Ruderpartie auf dem romantischen See rückt der Trubel im Park in weite Ferne (3 € pro Pers./20 Min.).

4 Klassiker per pedes Dabeisein ist alles: Beim Stadtlauf Fun Run im April engagieren sich die Zuschauer genauso wie die 5-km-Läufer – auch Inlineskater sind erlaubt! Und anschließend gibt es eine große gemeinsame Party (Start: Via dei Fori Imperiali, Ziel: Circus Maximus, www.maratonadiroma.it).

5 Eins, zwei, drei – Wünsche erfüllen Wer eine Münze in den Trevibrunnen > S. 97 wirft, kommt garantiert nach Rom zurück. Mit zwei Münzen gewinnt man das Herz eines Römers oder einer Römerin, und die dritte führt dann zum Traualtar.

6 Frostiger Wintertraum Riesenspaß zum Jahreswechsel: Im Dezember und Januar lassen sich auf einer künstlichen Eisbahn direkt an der Engelsburg > S. 72 schwungvoll Pirouetten drehen (www.pistadipattinaggio.it, tgl. 10–24 Uhr, inkl. Schlittschuhmiete 9 €/Std.).

Dieser Aquädukt ist nur einer von sieben im Archäologischen Park der Via Appia

7 Coole Sommergefühle Wenn die Stadt unter Sonne und Hitze ächzt, verspricht das Schwimmbecken Piscina delle Rose, das für die Olympiade 1960 im EUR-Viertel gebaut wurde, eine vergnügliche Erfrischung (Viale America 20, E.U.R., www.piscinadellerose.it, Mitte Mai bis Mitte Sept.).

8 Radtour über die Via Appia Antica An Sonn- und Feiertagen präsentiert sich die Via Appia Antica › S. 136 den Besuchern so autofrei wie einst den römischen Legionären. Und mit dem Fahrrad schafft man die 5,5 km von der Porta San Sebastiano bis zur 5. Meilensäule samt Besichtigungsstrapazen locker.

... PROBIEREN SOLLTEN

9 Zarte Offenbarung In Öl eingelegte Artischocken sind eine schnörkellos einfache, leichte Vorspeise, und der Feinkosthändler Volpetti › S. 40 verwandelt die Distelpflanze in eine Delikatesse – die außerdem die Leber kräftigt.

10 Süßer Auftakt zur Fastenzeit *Castagnole alla Romana*, ausgebackene und in Zucker gewälzte Teigkügelchen, sind das traditionelle römische Gebäck der Faschingszeit und vor allem dann in aller Munde, z. B. von der Pasticceria La Deliziosa (Vicolo Savelli 50 C7, nahe Piazza Navona, Centro Storico).

Die Wasserspiele in den Gärten der Villa d'Este inspirierten schon Franz Liszt

11 Obstsalat Die weiße, längliche Pizzutella-Traube aus Tivoli, die an den römischen Marktständen zu finden ist, bereichert bunte Salatmischungen aus Endivien, Feldsalat und Rucola mit ihrer sanften Süße (z. B. auf dem Campo de' Fiori › S. 90).

12 Zum Wohl Die kreativen Barmixer des Caffè Rosati › S. 95 schufen mit dem Cocktail *Sogni Romani* (dt. »römische Träume«) in den Stadtfarben Roms – aus Orangensaft, rotem und gelbem Likör – ein traumhaftes Getränk für laue Sommerabende.

13 Spezialität der Campagna Romana Der Schafmilchkäse *Pecorino Romano* aus Roms ländlicher Umgebung wird auf dem *biomercato* in Testaccio › S. 124 in bester Qualität und allen Reifegraden angeboten, von würzig bis pikant – einfach ein Genuss!

14 Caffè an der Bar Der frisch geröstete *caffè* von Tazza d'Oro › S. 87 schmeckt bestens in der unterhaltsamen Gesellschaft von Römerinnen und Römern an der langen Theke. Außerdem sind die Preise an der Bar günstiger als am Tisch.

15 **Cremige Versuchung** Köstliches Eis gibt es in Rom fast an jeder Ecke, aber keines zergeht so auf der Zunge wie das von Giolitti › S. 93 direkt hinter dem Pantheon – der Klassiker Schokolade ist Trumpf.

16 **Grattachecca** Die typisch römische Variante der Granita (zerstoßenes Eis mit Sirup) schmeckt am besten mit Mandelmilch *(orzata)* und bei Sora Mirella am Ponte Cestio › S. 145, in Trastevere gegenüber der Tiberinsel.

17 **Römisches Street Food** Partygänger stärken sich gern mit Pizza. So beliebt wie einfach ist die *Margherita Doppia* mit extra viel Tomaten, Büffelkäse und frischem Basilikum bei Bir & Fud D10 (Via Benedetta 23, Trastevere).

18 **Römischer Sommerabend in Flaschen** Eine laue Nacht in Trastevere wird perfekt mit einem erfrischenden Glas Frascati vor der Enoteca Ferrara › S. 37.

19 **Lukullisches Mahl** Zu einem richtigen Essen gehören eine nette Tischrunde, viel Zeit und mehrere aufeinanderfolgende Gänge: Die *bucatini all'amatriciana* (Nudeln mit Ochsenschwanzsoße) sind der Auftakt für eine *saltimbocca alla Romana* (Kalbsschnitzel mit Schinken und Salbei) und *carciofi alla Romana* (frittierte Artischocken) sowie eine locker geschlagene Zabaione zum krönenden Abschluss, z. B. in der Trattoria Da Armando al Pantheon › S. 35.

... BESTAUNEN SOLLTEN

20 **Rasante Zeitreise** Bei den spektakulären 3-D-Kinovorführungen im Time Elevator mit beweglichen Sitzen, Special Effects und Panoramaleinwand vergehen 3000 Jahre römischer Geschichte wie im Flug (Via di SS. Apostoli 20 D7, www.time-elevator.it, 12 € , erm. 9 €).

21 **Laufsteg der Römer** Vom Caffè TrevieTritone in der Galleria Alberto Sordi › S. 92 hat man die beste Sicht auf die vielen äußerst modebewussten Hauptstadtbewohner, die in der eleganten Einkaufspassage voll in ihrem Element sind.

22 **Wasserorgel** In Tivoli, dem allzeit beliebten Ausflugsziel der Römer, faszinieren die Gärten der Villa d'Este › S. 143 mit den hohen Fontänen am Neptunbrunnen.

Hier ist eine Pizza leckerer als die andere

Das Martyrium des hl. Matthäus aus dem Bilderzyklus von Caravaggio

23 Arche Noah alla Borghese Der ursprüngliche Empfangssaal der Galleria Borghese › S. 105 fesselt durch seine Wandbemalung mit bunten Papageien und Schmetterlingen neben Jagdhunden, Hasen und Fasanen im Grünen, das sich vor den Fenstern im Park fortsetzt.

24 Architekturspektakel Das von Zaha Hadid entworfene MAXXI › S. 107, das Nationalmuseum für zeitgenössische Kunst, ist der schönste Beweis dafür, dass die italienische Hauptstadt keineswegs in der Vergangenheit verharrt.

25 Nabel der Welt Bekanntlich führen alle Wege nach Rom, und mit dem unscheinbaren Steinhaufen Umbilicus Urbis (lat. »Nabel der Welt«) auf dem Forum Romanum › S. 79 haben Sie das Zentrum des Römischen Weltreichs erreicht.

26 Geballte Kraft Michelangelos 2,35 m hohe Marmorstatue des Moses in San Pietro in Vincoli › S. 113 scheint voller Leben, wenn man die muskulösen Arme mit den fein ziselierten Adern betrachtet.

27 Licht und Schatten Die Betrachter von Caravaggios dramatisch inszenierter »Berufung des Matthäus« in der Kirche San Luigi dei Francesi › S. 86 sind ähnlich verwundert über die realistische Darstellung wie der Zöllner Matthäus und seine Kumpane in der Taverne, als Jesus und Petrus Matthäus auffordern, ihnen zu folgen.

28 Rompanorama Der atemberaubende Blick von der Kuppel der Peterskirche › S. 68 über die Stadt reicht bei günstigem Wetter bis zu den Albaner Bergen.

29 Für alle Ewigkeiten Die über und über mit den Gebeinen und Knöchelchen von 4000 Mönchen dekorierte Kapuzinergruft › S. 105 ist ein Ort zum Wundern und ein bisschen auch zum Gruseln.

30 Rosiges Parkidyll Die edlen Rosen im sonst grün verwunschenen Roseto › S. 121 betören in den Monaten Mai und Juni mit prächtigen Blüten und intensiven Düften.

31 Kaleidoskop in Marmor Die hohe Dekorationskunst der Cosmaten beeindruckt durch ihren Form- und Farbreichtum an den Wänden und auf dem Boden in der Kathedrale der Lateranbasilika › S. 117.

... MIT NACH HAUSE NEHMEN SOLLTEN

32 Triumphale Szenerie Wenn Sie sich unter dem fast 2000 Jahre alten Titusbogen › S. 81 am Forum Romanum fotografieren, bleibt die Erinnerung an ihre Italienreise ewig lebendig.

33 Ausrüstung für Gladiatoren Viele der römischen Souvenirläden, z. B. auf der Via della Conciliazione › S. 71, verkaufen Holzschwerter und -schilde, die Kindern eine Freude machen oder als Accessoires im Fasching zu Ehren kommen.

34 Caffè mit Stil Sonnengelbe Espressotassen mit dem Logo der Kafferösterei Sant'Eustachio › S. 86, einem Hirschkopf mit prächtigem Geweih, zaubern römische Gelassenheit in den Alltag.

35 Design alla Roma Eine Parmesanreibe kann ungewöhnliche Formen haben. Bei C.U.C.I.N.A. › S. 40. ist dazu noch eine schöner als die andere. Die Küchenutensilien des Geschäfts nahe der Spanischen Treppe erfreuen zu Hause jeden Tag aufs Neue.

36 Mediterrane Düfte Die Träume von römischen Gärten hält ein kleines Orangenbäumchen für den Balkon – oder auch ein Tütchen voller Samen – wach, am besten von Formiche Verdi C7, *dem* Blumenladen des Stadtzentrums (Via Arenula 22, Centro Storico).

37 Frischer Duft und starker Geschmack Roms Eine der besten Kafferöstereien der Stadt, Tazza d'Oro › S. 87, verkauft ihre aromatischen Bohnen und alternativ süße Schoko-Kaffeebohnen.

Unwiderstehlich lockt der Duft frisch gerösteten Kaffees

38 Luxusmomente In 28 Arbeitsschritten werden die Lederhandschuhe von Sermoneta › S. 39 gefertigt. Trotzdem sind auch die mit Kaschmir gefütterten erschwinglich (ab 59 €) und erinnern im kalten Winter daheim an wärmere römische Gefilde.

39 Dolce Vita in Tüten Dank der mit sehr viel Zucker konservierten Früchte kann man die Farben- und Geschmacksvielfalt römischer Obststände mit nach Hause nehmen, z. B. von Dolciumi e Frutta secca Onorati C7 (Corso del Rinascimento 8, Centro Storico).

40 Glückliche Funde Den Flohmarkt an der Porta Portese › S. 131 durchstöbern viele junge Leute nach alten Schätzen, vielleicht auch nach Erinnerungslöffeln aus Rom, die in den 1950er- und 1960er-Jahren ein beliebtes Mitbringsel waren und heute eine Zierde für jede Zuckerdose sind.

41 Hoheitszeichen Der Vatikan hat eigene Briefmarken und Münzen, die man beim Postamt am Petersplatz › S. 64 erhält. Übrigens: Die vatikanische Post genießt den Ruf, um einiges schneller zu sein als die italienische.

An der Porta Portese findet man Altes, Antikes ... und manchmal auch ein Schnäppchen

... BLEIBEN LASSEN SOLLTEN

42 Rom im eigenen Auto Meiden Sie das römische Verkehrschaos. In weiten Teilen der Innenstadt ist ohnehin nur Anwohnerverkehr erlaubt. Parken Sie Ihr Auto an einer der Metrostationen am Stadtrand oder in der Hotelgarage und nutzen Sie die öffentlichen Verkehrsmittel › S. 26.

43 Sonntags Tickets für Straßenbahn oder Bus kaufen Fahrscheine gibt es weder an der Haltestelle noch in Straßenbahn oder Bus zu kaufen, und viele Tabakgeschäfte *(tabacchi)* bleiben sonn- und feiertags geschlossen. Also decken Sie sich bei Bedarf rechtzeitig ein.

44 Picknicken in der Stadt Auf der Spanischen Treppe und bei anderen populären Monumenten ist der Verzehr mitgebrachter Speisen und Getränke im Sitzen verboten; es drohen Geldbußen von 50 €.

45 Highheels auf der Via Sacra Im Forum Romanum oder auf der Via Appia Antica mit hohen Absätzen einigermaßen würdevoll von A nach B zu gelangen, erweist sich als Mission impossible.

46 Richtiger Ort, falsche Zeit Um Kirchen in Ruhe besichtigen zu können, informieren Sie sich über die jeweiligen Gottesdienstzeiten. Heilige Messen finden in der Regel sonntags vormittags (10–12 Uhr) und Vespergottesdienste am frühen Abend (17–18 Uhr) statt. Übrigens: beim Kirchenbesuch Schultern und Knie bedeckt halten.

Ein Moment der Stille

47 Einzelrechnungen fordern Römische Kellner haben kein Verständnis für getrennte Rechnungen: zusammen essen, zusammen zahlen.

48 Cappuccino nach dem Essen Wer sich nicht gleich als Nordeuropäer outen will, bestellt nach dem Essen keinen Cappuccino. Die Italiener trinken ab mittags nur noch *caffè* (deutsch: Espresso).

49 Souvenirs aus dem Trevibrunnen Geld aus dem Trevibrunnen › S. 97 zu fischen ist verboten! Er wird streng bewacht – und man riskiert, festgenommen zu werden.

50 Antike Scherben sammeln Alte Scherben, Steine oder Münzen nehmen Sie besser nicht mit nach Hause – die Ausfuhr antiker Kulturgüter ist untersagt.

Der Park Villa Borghese verspricht Erholung – und Kunstgenuss in seinen vielen Museen

REISEPLANUNG & ADRESSEN

DIE STADTVIERTEL IM ÜBERBLICK

Jeder Pflasterstein, jeder Kanaldeckel atmet Geschichte, bei Spaziergängen durch die Ewige Stadt begegnet man auf Schritt und Tritt antiken Denkmälern, ehrwürdigen Kirchen, erstklassigen Museen, großzügigen Plätzen und prachtvollen Palästen.

Aber auch das quirlige Treiben auf den Straßen, die vielen Menschen – coole, gestylte Römer und modebewusste, elegante Römerinnen ebenso wie fromme Pilgergruppen und staunende Kunstliebhaber aus aller Welt – machen den pulsierenden Alltag der italienischen Hauptstadt aus, in der Moderne und Vergangenheit wie selbstverständlich nebeneinander und übereinander existieren. Die Stadt liegt heute im Schnitt 4 m höher als in der Antike, und immer wieder machen Bautrupps aufregende archäologische Entdeckungen – der Ausbau des Metronetzes gestaltet sich dementsprechend schwierig und langwierig.

Roms Anziehungskraft ist seit beinahe 3000 Jahren ungebrochen. Der Legende nach von den Zwillingen Romulus und Remus 753 v. Chr. gegründet, war Rom zunächst Hauptstadt der Römischen Republik und später eines Weltreichs, das sich zu seiner Blütezeit über drei Kontinente erstreckte. Mit dem Niedergang des Imperium Romanum gewannen die Päpste seit dem 4. Jh. an Einfluss, und Rom errang neue Bedeutung als Zentrum des abendländischen Christentums. Das heutige Erscheinungsbild wurde jedoch weitgehend in der Renaissance und im Barock geprägt, als die Päpste unter Mitwirkung hochbedeutender Künstler wie Michelangelo, Raffael und Bernini schnurgerade Straßenzüge mit Sichtachsen errichten ließen, betont durch Obelisken, großzügige Plätze mit aufwendigen Brunnenanlagen, herrliche Paläste und gigantische Kirchenkuppeln.

Der Palatin war einst ein mondänes Wohngebiet der Aristokratie

Rom ist eine Stadt der Fußgänger, nicht nur weil Verkehrschaos und Parkplatznot das Autofahren zur Qual machen, sondern auch weil die meisten Attraktionen nahe beieinander liegen. In den letzten Jahren wurde der öffentliche Nahverkehr kontinuierlich verbessert, sodass man den Pkw getrost in der Hotelgarage oder auf einem bewachten Parkplatz am Stadtrand

Die Kreativen von heute wohnen und arbeiten in Testaccio

stehen lassen kann. Per pedes (apostulorum) sind die 22 inneren *rioni* (Stadtviertel) am besten zu erkunden; sie werden durch den Verlauf der Aurelianischen Mauer aus dem 3. Jh. begrenzt. Diese schloss neben den anfangs besiedelten sieben Hügeln östlich des Tiber – Palatino (Palatin), Campidoglio (Kapitol), Aventino (Aventin), Quirinale (Quirinal), Viminale (Viminal), Esquilino (Esquilin), Celio (Caelius) – auch den Pincio (Pincius) im Norden der Stadt sowie Gianicolo (Ianiculum) und Vaticano (Vaticanus) auf der westlichen Tiberseite ein.

Der **Vatikan**, bis heute Zentrum der katholischen Christenheit, mit Peterskirche, Papstaudienzen und -messen, gehört nicht nur für gläubige Pilger zu den Höhepunkten ihrer Romreise – auch Kunstliebhaber aus aller Welt begeistern sich für die wertvollen Kunstschätze besonders in den Vatikanischen Museen. Größter Besuchermagnet ist die Sixtinische Kapelle mit Michelangelos einzigartigen Fresken am Deckengewölbe sowie dem Jüngsten Gericht an der Altarwand.

Das **historische Zentrum** (Centro Storico) umfasst das antike Rom zwischen Palatin und Kapitol sowie die in Renaissance und Barock nördlich davon entstandene Altstadt im Tiberknie. Die Spurensuche im Zentrum des Römischen Weltreichs gehört zu den faszinierendsten Erfahrungen eines Rombesuchs. Einen schönen Überblick genießt man vom Palatin oder Kapitol. In der Altstadt laden Eisdielen und Cafés zum Verweilen und schicke Geschäfte zum Schaufensterbummel ein. Die Piazza Navona, die Spanische

Treppe und der Trevibrunnen, die von überschäumender barocker Lebensfreude zeugen, sind bei Römern und Touristen beliebte, bis tief in die Nacht umlagerte Treffpunkte, an denen die einzigartige Atmosphäre Roms besonders intensiv zu spüren ist.

Zwischen **Monte Pincio** und **Monte Celio** im Osten des Centro Storico kommen Kultur- und Naturfreunde auf ihre Kosten, hier findet man lebhaftes Treiben genauso wie erholsame Stille. Die Grünanlagen der Villa Borghese bieten als grüne Oase mitten in der Stadt eine Vielfalt an Freizeitattraktionen für die ganze Familie. Dazu gehört eine hohe Museumsdichte. Kunst- und kirchengeschichtlich Interessantes bergen die Kirchen auf dem Weg über den Esquilin, vom Colle Oppio auf den Celio, wie Santa Maria Maggiore und die römische Kathedrale, die Lateransbasilika. Ansonsten kann man sich im Multikulti-Mix nahe der Stazione Termini treiben lassen oder in der idyllischen Villa Celimontana lustwandeln.

Der **Aventin** im Süden der Stadt ist wegen seiner Flussnähe eine seit der Antike bevorzugte Wohngegend. Tiberabwärts schließt sich **Testaccio** an, der antike Schuttberg, auf dem sich Markthallen und Schlachthöfe ansiedelten, die inzwischen zu beliebten Szenetreffs umfunktioniert wurden. Hier feiert das junge Rom die Nächte durch. Doch längst hat die zeitgenössische römische Kulturszene auch ausgediente Industriebetriebe in Ostiense, außerhalb der alten Stadtmauern, fantasievoll wiederbelebt.

Jenseits des Tiber liegen die abwechslungsreichen Viertel **Trastevere** und **Gianicolo**. Bevor man sich ins Nachtleben stürzt, kann man von einer der typisch römischen Trattorien in Trastevere aus das Ritual der Römer, die abendliche *movida*, bestaunen. Wer den Abend ruhig ausklingen lassen möchte, sollte den Monte Gianicolo erklimmen und den Panoramablick über Roms nächtliches Lichtermeer genießen.

KLIMA & REISEZEIT

Rom ist zu jeder Jahreszeit eine Reise wert. Am besten eignet sich jedoch das Frühjahr, beginnend mit den Festivitäten zu Ostern bis in den Juni. In diesen Monaten ist es meist angenehm warm, oft kann man schon im März seinen Cappuccino draußen in einem Straßencafé genießen.

Auch Spätsommer und Herbst sind für einen Rombesuch zu empfehlen, wenn Mauern und Asphalt die sommerliche Hitze abstrahlen und die Schatten wieder länger werden. Im Hochsommer ist es dagegen meistens sehr heiß und schwül. Viele Römer machen traditionellerweise in dieser Zeit Urlaub am Meer oder in den Bergen. Im Ferienmonat August wirkt die Stadt wie ausgestorben. Zahlreiche Läden, Klubs und Restaurants bleiben dann

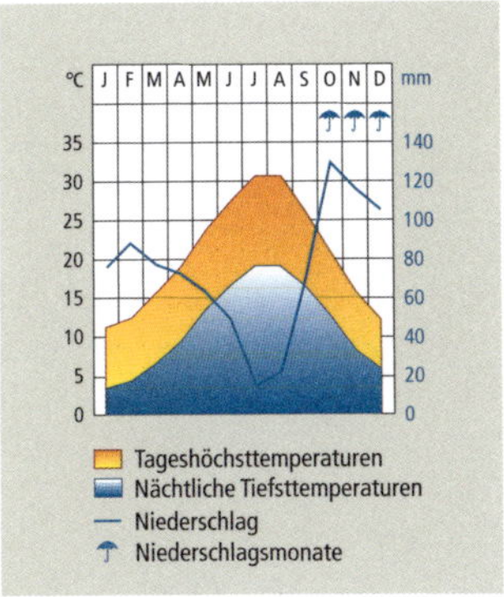

geschlossen. Nicht umsonst ist der Feiertag Mariä Himmelfahrt am 15. August als »Ferragosto« und oft heißester Tag des Jahres namengebend für den ganzen Monat. Allerdings wissen manche die ruhigeren Straßen und günstigen Hotelangebote im Sommer zu schätzen. Die Museen sind ohnehin gut klimatisiert. Und schließlich locken Freizeit- und Kulturprogramme etwa von »Estate Romana« > S. 58, Open-Air-Kinos sowie Pop-Up-Locations am Tiber und auf der Tiberinsel.

Die oft regnerischen Wintermonate bilden dann den idealen Rahmen für kulinarische Streifzüge, Shoppingbummel, Museums- und Konzertbesuche, Opern- und Theateraufführungen.

Zu den großen kirchlichen Feiertagen an Weihnachten und Ostern meldet Roms Hotellerie nahezu jedes Jahr: »Ausgebucht!«. Bei diesen Reiseterminen sind frühzeitige Reservierungen daher unbedingt zu empfehlen.

ANREISE

FLUG

Rom wird von den internationalen Flughäfen Deutschlands, Österreichs und der Schweiz mehrmals täglich angeflogen. Auf dem Flughafen **Leonardo da Vinci** (Fiumicino), ca. 30 km südwestlich, landen alle Linien- und einige Charterflüge (Nonstop-Zugverbindung »Leonardo Express« zum Hauptbahnhof Stazione Termini, 6.23–23.23 Uhr, alle 30 Min., Fahrzeit 32 Min., 14 €). Direkt zwischen Airport und Stazione Termini verkehren auch diverse Busse (z. B. www.terravision.eu, 6.05–20.25 Uhr, etwa alle 40–60 Min., Fahrtzeit 60 Min., 5 €). Außerdem fährt der Regionalzug FR1 (alle 15–30 Min., 8 €) zu den Bahnhöfen Trastevere (27 Min.), Ostiense (32 Min.) und Tiburtina (47 Min.).

Charter- und Billigflieger nutzen vorwiegend den Flughafen **Ciampino,** ca. 15 km südöstlich von Rom. Busse verbinden den Flughafen direkt mit der Stazione Termini (tgl. 8.15–0.15 Uhr, etwa alle 30–40 Min., Fahrtzeit 40 Min., www.terravision.eu, 5 €), außerdem fahren die städtischen Busse (ATAC) der Linie 720 zur Ⓜ Laurentina (Metro A) und der Linie 520 zur Ⓜ Cinecittà (Metro B) jeweils alle 20 Min. Infos für beide Flughäfen (Aeroporti di Roma) unter Tel. 00 39 06 65 951 und www.adr.it.

Die Stadt hat einen festen Tarif für Taxifahrten von den Flughäfen nach Rom (innerhalb der Aurelianischen Stadtmauer) eingerichtet (ab Fiumicino 48 €, ab Ciampino 30 €). Die offiziellen Taxis stehen vor den Airports bereit. Sie sind weiß, tragen ein Taxischild und verfügen über eine ID-Nummer.

ZUG

Fernzüge, die in Rom enden, fahren zur Stazione Termini, auch der Nachtzug aus München. Andere Züge halten an der Stazione Tiburtina im Nordwesten der Stadt (Anschluss mit Metrolinie B zur Stazione Termini).

AUTO

Das eigene Auto lässt man am besten am Hotel stehen und nutzt den öffentlichen Nahverkehr. In weiten Teilen der Innenstadt ist nur Anwohnerverkehr erlaubt (ZTL – Zona Traffico Limitato › S. 153). Gebührenpflichtige Parkplätze erkennt man an einer blauen Umrandung.

STADTVERKEHR

METRO

Schnellstes Fortbewegungsmittel innerhalb der Stadt sind die Linien A und B der Metropolitana, deren Züge So–Do 5.30–23.30 Uhr, Fr/Sa bis 1.30 Uhr verkehren. Nachts fahren die beiden Buslinien n1 (für Linie A) und n2 (für Linie B). Linie A verkehrt von Anagnina im Südosten nach Battistini im Nordwesten; mit ihr erreicht man z. B. den Lateran, die Spanische Treppe sowie den Vatikan. Linie B verbindet Laurentina im Süden mit Rebibbia und als B1 mit Jonio im Nordosten und passiert jeweils das EUR-Viertel, den Aventin und das Kolosseum. Beide Linien kreuzen sich an der Stazione Termini. Es sind elektronische Kontrollsysteme installiert, man muss das entwertete Ticket bis zum Verlassen der Station aufbewahren.

Die dritte Metrolinie C verkehrt derzeit von Monte Compatri im Südosten der Stadt bis zur Station San Giovanni. Beim Ausbau der Linie C und bei der Modernisierung des römischen U-Bahn-Netzes kommt es wegen archäologischer Funde immer wieder zu Planänderungen und Verzögerungen. Aktuelle Infos unter www.atac.roma.it.

BUS UND TRAM

Gut ausgebaut ist das Bus- und Tramnetz. Express-Buslinien (mit X gekennzeichnet) halten nur an jeder 2. oder 3. Haltestelle. An Sonn- und Feiertagen sowie nachts ist der öffentliche Verkehr eingeschränkt, teils bei veränderter Strecke. 28 Nachtlinien (notturna n1–n28) decken das Stadtgebiet von 23.30–5.30 Uhr im 15- bis 30-Minuten-Takt ab.

Fahrscheine *(biglietti)* gelten für alle Verkehrsmittel (U-Bahn, Bus, Tram). Man erhält sie an Automaten in den Metrostationen, an Zeitungskiosken, meist auch in Bars und *Tabacchi*-Läden. Ein einfaches Ticket kostet 1,50 € (BIT/Biglietto integrato a tempo, 100 Min. gültig, umsteigen erlaubt, auch über App auf Smartphone). Das elektronische Ticket èRoma (auch online erhältlich), ist für 24 Std. (7 €), 48 Std. (12,50 €), 72 Std. (18 €) oder als Wochenkarte CIS (24 €) erhältlich. Tickets müssen bis zum Fahrtende aufbewahrt werden. Schwarzfahrern droht eine hohe Geldstrafe! Der 48 bzw. 72 Stunden gültige Roma Pass › S. 153 beinhaltet die Nutzung der öffentlichen Verkehrsmittel.

In Rom trifft Antike auf Moderne

ATAC

Download von App, Linien- und Fahrplänen; Infos und Linienpläne auch am ATAC-Kiosk, Piazza dei Cinquecento, vor der Stazione Termini.

- Via Prenestina 45 | Tiburtina | Tel. 065 70 03 | www.atac.roma.it

TAXI

Steigen Sie nur in offiziell zugelassene Taxis! Sie sind weiß und haben einen Gebührenzähler. Auf den Türen, am Heck und im Inneren befindet sich eine Identifikationsnummer. Taxifahren ist relativ teuer. Der Fahrpreis setzt sich aus der Grundgebühr (3 €, So, Fei 4,50 €, nachts 6,50 €) und dem Kilometerpreis (je nach Tarifstufe 1,10–1,60 €) zusammen. Es gibt eine zentrale Taxirufnummer und eine App der Stadt Rom: **ChiamaTaxi**, Tel. 06 06 09.

FAHRRAD- & ROLLERVERLEIH

Wer sich in den Stadtverkehr wagen oder den Radweg entlang des Tiber erkunden will: Für ein **Rad** zahlt man pro Stunde 4–5 €, pro Tag 9–15 €. Mountainbikes, Cruiser und E-Bikes sind teurer. Leihräder bekommt man u. a. bei Ronconi Noleggio (Viale delle Belle Arti 54/56, Villa Borghese, Tel. 068 81 02 19, www.ronconibiciclette.it) und bei Roma Rent a Bike (Via dei Mille 8, Castro-Pretorio, Mobil-Tel. 38 06 43 22 78, www.romarentbike.com). Ein Roller kostet 30–50 € pro Tag, u. a. bei Treno e Scooter (Piazza dei Cinquecento/Stazione Termini, Tel. 06 48 90 58 23, www.trenoescooter.com).

Mit einem wendigen Roller kommt man schnell durch die Stadt

STADTRUNDFAHRTEN & -FÜHRUNGEN

Hop-on-Hop-off-Touren in offenen Doppeldeckerbussen mit deutschem Audioguide und zahlreichen Haltestellen unterwegs an den wichtigen Sehenswürdigkeiten Roms organisiert Terravision, z. B. durch das antike und historische Zentrum im Roma Christiana Open Bus (12-, 24-, 48- oder 72-Std.-Ticket für 20, 25, 28, 32 €, tgl. 9–18 Uhr alle 15–20 Min. ab Stazione Termini oder Petersdom, www.terravision.eu).

Tiberschifffahrten mit Audiokommentar werden von 1. April bis 31. Oktober angeboten: Fluvial Tour (Crociera Hop-on Hop-off, tgl. 10 bis 18 Uhr, alle 20 Min. ab Molo Sant'Angelo, Isola Tiberina, Ponte Sisto, Palazzo di Giustizia, 24-Std.-Ticket 18 €, kombiniert mit Hop-on-Hop-off-Bus 38 €, Tel. 06 95 06 03 32, www.fluvialtour.it).

Individuelle, kulturbetonte Stadttouren auf Deutsch zu verschiedenen Themen (u. a. »Auf den Spuren Michelangelos«, »Roma Barocca«, »Goethe in Rom«, »Unterirdisches Rom«, »Illuminati-Tour«) sowie Tagesausflüge in die nähere Umgebung veranstaltet das Team von RomaCulta (Mobil-Tel. 33 87 60 74 70, www.romaculta.com).

Free Walking Tour führt auf verschiedenen Wegen zu den klassischen Sehenswürdigkeiten in Stadt und Vatikan, kostenlos, aber nur in Englisch oder Spanisch (Spenden willkommen, Treffpunkt: Piazza di Spagna, www.romefreewalkingtour.com).

Sightjogging bietet mehrere Lauftouren durch das Zentrum der ewigen Stadt, aber auch auf weniger ausgetretenen Pfaden an. Die Trainer sind mehrsprachig und holen ihre Joggingpartner im Hotel ab. Anmeldung erforderlich (ab 70 € pro Person und Stunde, www.sightjogging.it).

UNTERKUNFT

»Caro, completo, cancellato ...« Nicht nur in der Karwoche verzeichnet Rom großen Besucherandrang. Während hoher katholischer Feiertage ist eine Reservierung besonders in der Mittelklasse dringend geboten.

Die Homepage von Turismo Roma, www.turismoroma.it, hilft bei der Suche und Auswahl einer Unterkunft und führt direkt zur Onlinereservierung. Ebenfalls empfehlenswert sind Buchungsportale wie www.booking.com, www.hrs.com oder www.hostelworld.com. Viele Hotels bieten aber auf ihrer Homepage die besten Konditionen. Die Zimmerpreise variieren stark, je nach Zimmerausstattung und -lage, Saison, Wochen- oder Feiertagen. Wer zeitlich flexibel ist, kann einiges sparen. Auch Pauschalangebote (Flug und Hotel) sind oft attraktiv. Vorsicht: Allzu günstige Zimmerangebote nahe der Stazione Termini erweisen sich oft als billige Absteigen – laut und schmuddelig. Eine preiswerte Alternative bieten die schlichten Unterkünfte, teils mit Etagenbädern und -toiletten, in religiösen Häusern und Pensionen, die das Pilgerzentrum auflistet (www.pilgerzentrum.net).

Durchschnittlich sollte man mit mindestens 70 € pro Übernachtung im Doppelzimmer rechnen. Außerdem erhebt die Stadt Rom eine City-Tax pro Nacht (max. 10) und Person (ab 11 Jahren). So sind im 5-Sterne-Hotel 7 €, im 4-Sterne-Hotel 6 €, im 3-Sterne-Hotel 4 €, im 1- bis 2-Sterne-Hotel 3 € und in Pensionen, B&B, Ferienwohnungen 3,50 € zusätzlich zu zahlen. Für Autoreisende und Lärmempfindliche sind Quartiere auf dem Aventin und in Prati zu empfehlen.

LUXURIÖSE HOTELKLASSIKER

Die Flaggschiffe der Hotellerie haben ihren Sitz v. a. an der Via Vittorio Veneto, um die Piazza di Spagna oder im Stadtviertel Parioli. Aufgrund einer Sonderabgabe für diese Kategorie werben sie aber nicht alle mit den fünf Sternen und dem Zusatzzeichen »L« für Luxus.

Eden €€€ D/E5

Im Gästebuch stehen Ingrid Bergman, Luciano Pavarotti und Orson Welles.

- Via Ludovisi 49 | Ludovisi
  Tel. 06 47 81 21
  www.dorchestercollection.com

Hassler Villa Medici €€€ D6

Treffpunkt von Hochfinanz und Aristokratie, Jetset und Persönlichkeiten des kulturellen Lebens.

- Piazza Trinità dei Monti 6
  Ludovisi | Tel. 06 69 93 40
  www.hotelhasslerroma.com

Raphael €€€ C6

Luxushotel nahe der Piazza Navona für jene, die Kunst, Antiquitäten und Design genauso schätzen wie Biokost und höchste ökologische Standards.

- Largo Febo 2 | Ludovisi
  Tel. 06 68 28 31
  www.raphaelhotel.com

ROM PERSÖNLICH

ERINNERUNGEN FÜRS LEBEN

Asterix in Rom – das Thema begeistert Kinder für die Antike, sodass drei Stunden Stadtführung wie im Flug vergehen. »Der Eindruck bleibt für's Leben«, weiß Alessandro Canestrini von RomaCulta. Ich bin mit dem Kunsthistoriker am Pantheon verabredet – »früh, vor dem Massenandrang«. Erst danach gibt es *caffè*.

Als der gebürtige Südtiroler Alessandro 1997 zum Studium nach Rom kam, kannte er die Stadt nur aus Büchern. Freunde fuhren mit ihm gleich zur Via Appia Antica. »Wenn ich dort arbeite, erinnere ich mich gern an jene ersten Eindrücke, Geschichte zum Anfassen.« Wow-Effekte erlebt, wer das Gesehene versteht. Alessandro und sein Team bei RomaCulta betrachten sich als Kulturvermittler, sie möchten, dass Tourteilnehmer, gleich welchen Alters, schöne Erinnerungen mit nach Hause nehmen. Ich begleite ihn bei einer Führung um den Kapitolshügel. Er führt die sechsköpfige Gruppe aus Ulm abseits touristischer Trampelpfade von der Antike bis in die späte Neuzeit – und lenkt ihre Blicke immer wieder auf die Gegenwart. Rom lebt: 30 m vom Trevibrunnen warten Eltern vor einer Schule auf ihre Kinder, 60 m vom Kolosseum befindet sich ein renommiertes Gymnasium, 200 m vom Pantheon ein kleiner Markt. Die meisten Wohnungen und Läden sind in Privatbesitz. Doch das Geschäft mit Vermietungen über Onlineportale, an Fast-Food-Ketten oder Souvenirhändler floriert. Die Zahl der Touristen steigt Jahr für Jahr, sie nähert sich der 20-Mio.-

Römische Geschichte und Gegenwart, anschaulich erklärt von Alessandro

Grenze. Unter ihnen sind viele sogenannte Selfie-Stick-Touristen, die Europa in einer Woche absolvieren. Und schon mal die Orientierung verlieren, sodass sie neben dem Pantheon nach dem Weg zum Eiffelturm fragen. Alessandro bleibt gelassen: Das Leben wird vorwärts gelebt, aber rückwärts verstanden.

- **Bleibende Eindrücke**
  RomaCulta, z. B. Roma Nascosta – Die verborgene Seele der Ewigen Stadt.
  Mobil-Tel. 33 87 60 74 70
  www.romaculta.com
- **Zur Ruhe kommen ...**
  In der Klosterkirche SS. Quattro Coronati › S. 115 bei den leisen monotonen Gesängen der Augustinerinnen.

MEHR KULTUR, WENIGER ANGST!

Sofia ist überrascht, mich in »ihrem Klub« zu treffen. Denn ich habe mir schon die Nächte um die Ohren geschlagen, als Falco die jungen Römer besang – lange vor Sofias Geburt. Aber auch ich bin Mitglied bei Arci Roma (Associazione Ricreativa e Culturale Italiana), einer kulturell und sozial engagierten Non-Profit-Organisation. Und heute Abend sind wir ein Team am Kickertisch. Die Zwanzigjährige ist mit Valerio und Matteo unterwegs, die uns schnell 10:4 schlagen. »Wenn wir schon nicht auf dem großen Rasen mitspielen dürfen«, Matteo lacht: »*Crisi*, wohin man schaut: weil sich Italien nicht für die Fußballweltmeisterschaft 2018 qualifizieren konnte. Flüchtlingskrise, weil wir Wohlstandseuropäer Angst haben. Regierungskrise, weil Populisten um die Macht raufen, dank der allgemeinen Politikverdrossenheit.« Bei den letzten Parlamentswahlen stimmten besonders viele 18–30-Jährige für die Fünf-Sterne-Bewegung (44 %) und die rechte Lega (13 %). Die Jugendarbeitslosigkeit liegt seit Jahren über 30 %. Ein abgeschlossenes Studium garantiert keinen Job. Sofia wohnt noch bei ihren Eltern: »Die Mieten sind viel zu teuer, aber ich bin Römerin und studiere Architektur, um die Zukunft, unsere Welt, hoffentlich meine Heimatstadt, aktiv mitzugestalten.« Sofia nimmt sich das Arci-Motto zu Herzen: *Più cultura meno paura* (»Mehr Kultur weniger Angst«). In Rom gibt es über 70 Circoli Arci, alternative Freizeitvereine, die sich für Migranten einsetzen und sich gegen Faschismus und Mafia stellen. Sofia scherzt: »Dafür feiern wir im C'MON! Es gibt Konzerte, Yoga, Swing, Tischtennis und immer ein kühles Bier, sogar bezahlbar.« Inzwischen sitzen wir lässig in Liegestühlen, aus den Steinen atmet die Sommerhitze und wir genießen den Charme des Improvisierten – und die Industrieromantik im Brachland zwischen Bahnschienen und Ausfallstraßen.

- **Monk (C'MON!)**
  Konzerte teils gegen Eintritt für Nichtmitglieder, sonst online registrieren (5 € Jahresbeitrag Okt.–Sept.).
  Via Giuseppe Mirri 35 | 00159 Roma
  Tel. 06 64 85 09 87 | www.monkroma.it
- **MAAM – Museo dell'Altro e dell'Altrove**
  Kunst, Performances, Konzerte, Diskussionen in einer besetzten Fabrik.
  Via Prenestina 913 | 00155 Roma
  www.facebook.com/MuseoMAAM

Gediegener Luxus im 5-Sterne-Hotel

MITTELKLASSEHOTELS

Viele komfortable Hotels mit einem guten Preis-Leistungs-Verhältnis befinden sich nicht weit vom Vatikan in Prati und im Centro Storico nahe der Piazza Navona.

Abruzzi €€€ C6
3-Sterne-Hotel von schlichter Eleganz gegenüber dem Pantheon.
- Piazza della Rotonda 69
  Centro Storico
  Tel. 06 97 84 13 51
  www.hotelabruzzi.it

Scalinata di Spagna €€€ D6
Herrliches 3-Sterne-Hotel mit Dachterrasse.
- Piazza Trinità dei Monti 17
  Campo Marzio
  Tel. 06 45 68 61 50
  www.hotelscalinata.com

Fontana €€–€€€ D6
Einige Zimmer des 3-Sterne-Hotels bieten einen Blick auf den Trevibrunnen.
- Piazza di Trevi 96 | Colonna
  Tel. 066 78 61 13
  www.hotelfontana-trevi.com

Portoghesi €€–€€€ C6
Guter 3-Sterne-Service, nahe der Piazza Navona.
- Via dei Portoghesi 1 | Centro Storico
  Tel. 066 86 42 31
  www.hotelportoghesiroma.it

San Anselmo €€–€€€ D9
Stilles kleineres 4-Sterne-Haus auf dem Aventin.
- Piazza San Anselmo 2 | Aventino
  Tel. 06 57 00 57
  www.aventinohotels.com

Santa Maria €€–€€€ C8
Das 3-Sterne-Haus in Trastevere bietet Zimmer mit Flair in einem Klosterbau aus dem 16. Jh.
- Vicolo del Piede 2 | Trastevere
  Tel. 065 89 46 26
  www.hotelsantamariatrastevere.it

Teatro di Pompeo €€–€€€ C7
Charmantes 3-Sterne-Haus auf antiken Ruinen nahe Campo de' Fiori.
- Largo del Pallaro 8 | Centro Storico
  Tel. 06 68 30 01 70
  www.hotelteatrodipompeo.it

Navona €€ C7
Das familienfreundliche 3-Sterne-Haus ist oft ausgebucht.
- Via dei Sediari 8
  Centro Storico | Tel. 06 68 30 12 52
  www.hotelnavona.com

Nerva €€ D7
Einladendes 3-Sterne-Boutiquehotel, zentral, modern und gemütlich, sodass man frühzeitig reservieren sollte.
- Via Tor de' Conti 3/4 | Monti
  Tel. 066 78 18 35
  www.hotelnerva.com

Villa San Pio €€ D9
Gartenoase mit drei Sternen im ruhigen Villenviertel auf dem Aventin.
- Via Santa Melania 19 | Aventino
  Tel. 06 57 00 57
  www.aventinohotels.com

EINFACHE HOTELS UND HOSTELS

Günstige Unterkünfte in wechselnder Qualität und Ausstattung gibt es vor allem im historischen Zentrum und um die Stazione Termini. Wenn sie länger ausgehen, fragen Sie nach dem Nachtportier, damit Sie nach Mitternacht nicht vor verschlossener Tür stehen.

Hotel del Sole €€ C7
Das kleine 2-Sterne-Hotel nahe dem Pantheon bietet schöne Zimmer und eine Dachterrasse mit Blick über das Centro Storico.
- Via del Biscione 76 | Centro Storico
  Tel. 06 68 80 68 73
  www.hotelsoleroma.it

Santa Prisca €€ D9
Zwei-Sterne-Komfort in verkehrsgünstiger Lage am Fuß des Aventins. Ruhiger sind die Gartenzimmer.
- Largo M. Gelsomini 25 | Aventino
  Tel. 065 74 19 17
  www.hotelsantaprisca.it

Blue Hostel € F7
Eher ein freundliches Boutiquehotel mit tollem Preis-Leistungs-Verhältnis in toller Lage bei Santa Maria Maggiore. Dafür verzichtet man gern auf eine 24-Stunden-Rezeption.
- Via Carlo Alberto 13 | Monti
  Tel. 034 09 25 85 03
  www.bluehostel.it

ÜBERNACHTEN BEI RÖMERN

Bed & Breakfast, Privatzimmer oder -apartments sind kostengünstige Alternativen. Damit Rom auch für Römer bezahlbar bleibt, wendet man sich am besten an folgende Agenturen:

Bed & Breakfast Italia B/C7
- Tel. 06 88 37 34 07
  www.bbitalia.it

Romabed
Deutsche Agentur, die private Unterkünfte im Zentrum vermittelt.
- Preußenstr. 5
  67105 Schifferstadt
  Tel. 062 35/92 95 34
  www.romabed.de

ERSCHWINGLICH SCHLAFEN

- Schlichte Fassade, aber Toplage: Im **Abruzzi** warten nach dem Pflastertreten gemütliche Zimmer auf müde Touristen. > **S. 32**
- Typisch römisch mit familiärer Atmosphäre nächtigt man im **Teatro di Pompeo.** > S. 32
- In bester Nachbarschaft: Das einstige Klostergebäude des Hotels **Santa Maria** bietet die ideale Basis für Nachtschwärmer und Romantiker. > S. 32
- Bei Familien besonders beliebt ist das zentral, aber ruhig gelegene **Hotel Navona.** > S. 32
- Mitten in einer Villengegend: Die **Villa San Pio** serviert das Frühstück im Garten. > S. 33

ESSEN & TRINKEN

»La cucina Romana«, die typisch römische Küche, hat eine lange Tradition. Seit der Antike gehören Fleischgerichte wie »Abbacchio al cacciatore« (pikant gewürztes Osterlamm nach Jägerart) zum Festmahl.

Saltimbocca alla Romana (Kalbsschnitzel mit Schinken und Salbei) hat seinen Ursprung ebenso am Tiber wie *Coda alla vaccinara* (mit Sellerie geschmorter Ochsenschwanz). Die in Italien geschätzten Innereien wie *Trippa alla Romana* (Kutteln) oder *Rigatoni con la pajata* (Pasta mit in Wein und Gemüse gegartem Kalbsgekröse) gehen auf die Armeleuteküche im Mittelalter zurück. Wie vor 2000 Jahren prägen noch heute Gemüse, Kräuter und Salate die gesunde, bekömmliche Küche Italiens. *Insalata* ist fester Bestandteil eines jeden Menüs. Gern werden in Rom rohe Selleriestangen, Fenchelknollen, Karotten u. a. in eine Soße mit Olivenöl, Salz und Pfeffer gedippt und als *Cazzimperio* genossen. Beliebte Spezialitäten sind *Carciofi alla romana* (Artischocken mit Öl, Knoblauch und Minze geschmort) und *Carciofi alla giudía* (in der Pfanne frittierte Artischocken).

ANTIPASTI UND NUDELGERICHTE

Dem Vatikanbibliothekar Bartolomeo Sacchi ist die Entwicklung des römischen *Antipasto* zu verdanken. Er empfiehlt in seinem 1475 edierten Bestseller »Über die ehrliche Freude und das Wohlbefinden«, das römische Gastmahl mit Obst zu starten. So wurde Schinken mit Melone, Feigen oder

An der Bar ist der *caffè* nicht nur preiswerter, man kann auch dem Barista zusehen

Pfirsichen in der Renaissance zum Renner. Inzwischen haben sie ihren Siegeszug um den Erdball vollendet. Echte Küchenklassiker sind die Nudelgerichte: *Spaghetti alla carbonara* (mit Ei und Speck), *Bucatini all'Amatriciana* (mit Speck, Tomaten, Pecorino), *Penne all'arrabbiata* (mit Chili), *Pasta e fagioli* (mit weißen Bohnen) oder einfach *Fettucine al burro* (mit Butter).

AUSGEHVIERTEL

Neben Trastevere zählen Testaccio, Ostiense und San Lorenzo zu den beliebtesten Ausgehvierteln. In Trastevere findet sich auch die höchste Dichte angenehmer Restaurants, Cafés und Bars – Lokalitäten für jeden Geschmack und Geldbeutel. Durchstreifen Sie Vicolo del Moro, Via della Luce, Via della Scala und Vicolo del Cinque. Im Studentenviertel San Lorenzo und südöstlich in Prenestino locken preiswerte Trattorien und Klubs. Ansonsten sind neben den Locations am Monte Testaccio die in den angrenzenden Stadtvierteln Garbatella und Ostiense bei Szenekennern beliebt. Zwischendurch stärken kann man sich mit Pizza und *Pinsa* oder einfachen Gerichten in Bars und Cafés, von denen abends viele Büfetts zum *Aperitivo* anbieten. **Achtung:** In den Cafés und Bars gelten zwei Preiskategorien. Weniger zahlt man, wenn man an der Theke stehend trinkt. Falls man sich setzt, wird es teuer. Trinkgeld, zwischen 5 und 10 %, lässt man auf dem Tisch liegen.

SPITZENKÜCHE

Antonello Colonna Open €€–€€€ E6

Exzellente Kochkunst auf Sterne-Niveau, erfrischend modern, hell und offen auch das Ambiente. Reservierung empfohlen. Ein ausgezeichnetes Preis-Leistungs-Verhältnis bieten das Mittagsbüfett (Di–Fr) und der Wochenendbrunch. Mo ganztägig und So abends geschl.

- Palazzo delle Esposizioni
  Via Milano 9 a
  Monti
  Tel. 06 47 82 26 41
  http://antonellocolonna.it

TYPISCH RÖMISCH

Da Armando al Pantheon €€ C6/7

Alteingesessener Familienbetrieb, dessen einfache, deftige Küche auch von Politikern aus dem nahen Parlament geschätzt wird. Sa abends und So geschl.

› mehr S. 15 Punkt 19

- Salita dei Crescenzi 31
  Centro Storico
  Tel. 06 68 80 30 34
  www.armandoalpantheon.it

Le Mani in Pasta €€ C8

Die feine Osteria ist auf römische Küche, besonders aber auf Fischgerichte und Meeresfrüchte spezialisiert. Mo geschl.

- Via Dei Genovesi 37 | Trastevere
  Tel. 065816017
  www.lemaniinpasta.net

Est Artigiani del Gusto €–€€ C7

Freundliche Atmosphäre und gutes Preis-Leistungs-Verhältnis nahe der Piazza Navona. Alle Pastagerichte mit frischem Gemüse sind empfehlenswert. So geschl.

- Vicolo della Cancelleria 11/12
  Centro Storico
  Tel. 06 68 80 33 32
  www.estartigianidelgusto.it

Trattoria Perilli €–€€ C/D9
Römische Köstlichkeiten wie Ochsenschwanz und Artischocken. Ein Klassiker! Mi geschl.

- Via Marmorata 39
  Testaccio
  Tel. 065 75 51 00
  www.facebook.com/perilliatestaccio

Da Marcello €
Urrömische Trattoria, wo in Familientradition *rigatoni alla carbonara* oder *saltimbocca alla romana* gekocht werden. Nur abends, Juni–Sept. Sa, sonst So geschl.

- Via dei Campani 12 | San Lorenzo
  Tel. 064 46 33 11
  www.osteriadamarcello.com

Trattoria da Teo € C8
Die Klassiker der römischen Küche schmecken am besten auf der idyllischen Piazza vor dem gemütlichen Lokal. So geschl.

- Piazza dei Ponziani 7 | Trastevere
  Tel. 065 81 83 55
  www.facebook.com/Trattoria.da.TEO

Zampagna € D10
Rustikale Trattoria mit traditionellen Gerichten wie *pasta e fagioli* (Nudeln mit Bohnen) und *spaghetti cacio e pepe* (Käse und Pfeffer). So abend geschl.

- Via Ostiense 179 | Ostiense
  Tel. 065 74 23 06 | www.facebook.com

LIEBLINGSRESTAURANTS

- Futtern wie bei Muttern: Das Essen in der Trattoria **Da Marcello** schmeckt Medienleuten wie Studenten. > S. 36
- Die **Trattoria da Teo** begeistert mit familiärer Atmosphäre und klassischer römischer Küche. > S. 36
- Die reich belegte Pinsa Romana, die römische Pizzavariante der **Pinsa 'Mpo**, ist eine willkommene Imbiss zwischendurch. > S. 37
- Die Trattoria **Sora Lella** auf der Tiberinsel ist wegen ihrer traditionell-bodenständigen Gerichte beliebt. > S. 89
- **Il Margutta** zeichnet sich durch vegetarische Gerichte, künstlerisches Ambiente und prominente Gäste aus. > S. 96
- Junge Römer treffen sich vor dem Ausgehen gern auf eine Pizza bei **Ivo a Trastevere**. > S. 132

TRATTORIEN UND PIZZERIEN

Rosti €€
Kreative und saisonale Küche von morgens bis abends, serviert an langen Tischen oder im lauschigen Garten.

- Via Bartolomeo D'Alviano 65 | Pigneto
  Tel. 062 75 26 08
  www.rostialpigneto.it

Tram Tram €€
Extravagante apulische und römische Küche, reiches Weinsortiment. Spezialitäten: Fischsuppe und Spaghetti mit Gemüse. Mo geschl.

- Via dei Reti 44 | San Lorenzo
  Tel. 06 49 04 16 | www.tramtram.it

Meridionale €–€€ C8
Lokal im Retrostyle mit kreativer, mediterraner Küche. Nur abends, Mo geschl.

- Via dei Fienaroli 30/A | Trastevere
  Tel. 065 89 71 96
  www.facebook.com

Pinsa 'Mpò € B5
Die kreativ belegten Fladen aus Sauerteig, sowie Weizen-, Reis- und Sojamehl der Pinseria sind ein Hochgenuss in Bioqualität. So geschl.
- Via dei Gracchi 7 | Prati
  Tel. 06 88 98 07 16 | http://pinsampo.it

Porto Fluviale € C10
Pizza, Pasta aber auch Burger in ungezwungener, lockerer Atmosphäre mit schönen Außenplätzen
- Via del Porto Fluviale 22 | Ostiense
  Tel. 065 74 31 99
  www.portofluviale.com

Taverna Volpetti € C9
Traditionell bodenständig: täglich wechselnde Menükarte mit italienischen Spezialitäten, leckere Auswahl an Käse, Schinken, Rot- und Weißweinen. So und Mo abends geschl.
- Via Alessandro Volta 8 | Testaccio
  Tel. 065 74 43 06
  www.tavernavolpetti.com

BARS UND CAFÉS

Enoteca Ferrara €€ C8
Neben einer umfangreichen Weinkarte locken fantasievolle kleine Gerichte. Nur abends, im Aug. So geschl. > **mehr S. 15 Punkt 18**
- Piazza Trilussa 41 | Trastevere
  Tel. 06 58 33 39 20
  www.enotecaferrara.it

Essenza €€ C7
In der Weinbar werden zu den edlen Tropfen köstliche Snacks, Käse-, Wurst- und Schinkenplatten serviert.
- Via della Scala 27a | Trastevere
  Tel. 0669359966
  www.essenzawinebar.it

Ob traditionell oder modern – in Rom findet jeder sein Lieblingsrestaurant

Freni e Frizioni €€ C8
Die beliebte Bar in der Nähe des Tiberufers bietet zum abendlichen *Aperitivo* ab 18.30 Uhr ein vielseitiges Büfett.
- Via del Politeama 4/6 | Trastevere
  Tel. 06 45 49 74 99
  www.freniefrizioni.com

Café Boario € C10
In der Città dell' Altra Economie (CAE) auf dem Ex-Schlachthofareal kann man kalte und warme Küche draußen oder drinnen genießen. Mo geschl.
- Largo Dino Frisullo | Testaccio
  Tel. 065 75 82 72
  www.cittadellaltraeconomia.org

Chioschetto € B2
Am besten schmecken die Longdrinks im legeren Ambiente an einem Sommerabend vor dem Kiosk mit Blick auf den Tiber. Nur bei gutem Wetter ab 16.30 Uhr.
- Piazzale di Ponte Milvio
  Tor di Quinto

Panella € D7
Traditionsbäckerei, die außer Brot auch Mittagstisch und Abendbüfett anbietet *(sfizio dell'aperitivo)*.
- Via Merulana 54 | Monti
  Tel. 064 87 24 35
  http://panellaroma.com

SAID €
In einer ehemaligen Schokoladenfabrik wird Schokolade in jeder Form, dazu Kuchen, andere Dolci und einige deftige Köstlichkeiten produziert.
- Via Tiburtina 135 | San Lorenzo
  Tel. 064 46 92 04 | http://said.it

SHOPPING

Das Herz von Roms Alta Moda pulsiert in den Straßen um die Piazza di Spagna: in der Via Condotti, der Via Frattina und der Via Borgognona. Hier liegen die attraktivsten Showrooms und Flagship Stores der international berühmten Designer und Modeschöpfer.

Günstiger sind die Boutiquen in der Via del Corso, Via dei Giubbonari oder an der Via Nazionale. Gute Shoppingmeilen sind auch die Via Cola di Rienzo oder Via Appia Nuova. Exquisite Antiquitätenhändler und Galerien bevorzugen Adressen in der Via Margutta, Via Babuino und Via dei Coronari.

MODA ITALIANA

Caleffi Roma 1911 D6
Der Inbegriff klassischer Herrenmode.
- Via in Aquiro 71 | Centro Storico
  www.caleffiroma1911.com

David Saddler D/E7
Klassische Herrenanzüge – gute Qualität zu erschwinglichen Preisen.
- Via Nazionale 184 | Monti
  www.davidsaddler.com

Diesel D6
Italienische Jeanskollektionen für Damen, Herren, Kinder.
- Piazza di Spagna 18 | Campo Marzio
  www.diesel.com

Kokoro E7
Handgeschneiderte, kreative Damenmode von jungen Designtalenten im Viertel Monti.
- Via del Boschetto 75
  Monti
  www.kokoroshop.it

Terracina Store C6
Traditionsgeschäft für Mode und Accessoires vorwiegend italienischer Marken in Nähe zum Pantheon, ausgezeichnete persönliche Beratung.
- Via degli Uffici del Vicario 2
  Centro Storico
  www.terracinastore.com

ACCESSOIRES

Chiara Baschieri D5
Die junge Designerin kreiert schwungvolle Kollektionen für Frauen. Dazu passend gibt es Schuhe des römischen Labels Trenta7.
- Vicolo dell'Orto di Napoli 7
  Campo Marzio
  www.chiarabaschieri.it

Fausto Santini D6

Schuhe aus feinstem Leder von klassisch bis trendverdächtig. Im Outlet gibt es die Vorjahreskollektion zum halben Preis.

- Via Frattina 120 | Campo Marzio
  www.faustosantini.it

Gervin Calzature C7

Nahe der Stazione Termini findet man elegante und sportliche Schuhe, auch von Designern, zu günstigen Preisen.

- Via Giovanni Amendola 87
  Castro-Pretorio

La Perla D6

Edle Dessous aus dem Hause des renommierten italienischen Labels.

- Via Bocca di Leone 28 | Campo Marzio
  www.laperla.com

Mondello Ottica C7

Originelle Brillen von den besten italienischen und internationalen Designern.

- Via del Pellegrino 98 | Centro Storico
  http://mondelloottica.it

Re(f)use C6

Taschen, Rucksäcke und Geldbörsen aus recycelten Materialien. Die Idee dazu hatte ein Sprössling der Designerfamilie Fendi.

- Via Fontanella di Borghese 40
  Campo Marzio | www.facebook.com

Sermoneta D6

Lederhandschuhe. > **mehr S. 18 Punkt 38**

- Piazza di Spagna 61 | Campo Marzio
  www.sermonetagloves.com

ANTIQUITÄTEN

Antiquarius Stampe e Libri C6/7

Historische Karten und Drucke.

- Corso del Rinascimento 63
  Centro Storico | www.antiquarius-sb.com

Hellnation Store F5

Seltene Vinyls und römische Subkultur.

- Via Nomentana 113 | Castro-Pretorio
  www.facebook.com

DAS BESONDERE SOUVENIR

Euroclero A/B6

Großmarkt nicht nur für den Klerus. Neben Messgewändern und liturgischem Gerät auch günstige Socken oder züchtig-schlichte Unterwäsche für jedermann.

- Via Paolo VI. 31 (am Petersplatz)
  Borgo | www.euroclero.it

Gammarelli C7

In Pantheonnähe hat der Schneider der Päpste seinen Laden. Rosenkränze und andere religiöse Artikel finden Sie in benachbarten Geschäften.

- Via di Santa Chiara 34 | Centro Storico
  www.gammarelli.com

Sie suchen noch ein Souvenir?

Spezeria di San Paolo
Erlesene Kosmetik, Naturheil- und Lebensmittel – von *aceto balsamico* bis *zucchero* – aus italienischen Klöstern.
- Via Ostiense 186
  Ostiense
  www.abbaziasanpaolo.org

RÖMISCHE MÄRKTE

- Zwischen Gemüse und Obst spürt man auf dem **Campo de' Fiori** römisches Flair. Nach dem Einkaufen genießt man das Treiben in einem der Cafés in der Umgebung (Mo–Sa 7–14 Uhr). > S. 90
- Der **Nuovo Mercato Esquilino** bietet einen Mix der Kulturen bei Verkäufern und Waren, von chinesisch bis pakistanisch (Mo, Mi, Do 5–15, Di, Fr, Sa bis 17 Uhr). > S. 112
- Der Flohmarkt **Porta Portese** in Trastevere ist der bekannteste Markt Roms. Achtung: Taschendiebe (So 6–14 Uhr). > S. 131
- Die **Città dell'Altra Economia** in Testaccio lockt sonntags mit einem bunten Biomarkt, ansonsten mit Bioladen, Restaurant, Bar und Café (Largo Dino Frisullo C10, Testaccio, www.cittadellaltraeconomia.org, So 9–17 Uhr).
- Beim Bau der Markthalle **Nuovo Mercato Testaccio** sicherten Archäologen Funde eines antiken Markts. Heute gehören neben Lebensmitteln Kleidung und Schuhe sowie Imbissstände zum Angebot (Via Alessandro C9, Testaccio, Mo–Sa 7–15.30 Uhr).

KÜCHENDESIGN MADE IN ITALY

C.U.C.I.N.A. D5
Nahe der Spanischen Treppe gibt es alles, um Küche und Esstisch aufs Feinste auszustatten. > **mehr S. 17 Punkt 35**
- Via Mario de' Fiori 65 | Campo Marzio
  www.cucinastore.com

'Gusto C5/6
Imperium des Geschmacks mit Küchen-, Kochbuch- und Lebensmittelabteilung und Gastronomie.
- Piazza Augusto Imperatore 9
  Campo Marzio | www.gusto.it

Leone Limentani C7
Seit 1820 Roms erste Adresse für Haushaltswaren und Inneneinrichtung.
- Via Portico d'Ottavia 47 | Centro Storico
  www.limentani.com

GAUMENFREUDEN

Antica Norcineria Viola C7
Die legendäre Metzgerei, für ihre Erzeugnisse vielfach preisgekrönt, bietet seit 1890 eine riesige Auswahl an Salsicce, Schinken und edlen Fleischzubereitungen.
- Campo de' Fiori 43 | Centro Storico
  www.norcineriaviola.it

Enoteca al Parlamento C6
Hervorragend sortiert, hilfreiche Beratung, Verkostung; auch Versand ins Ausland.
- Via dei Prefetti 15 | Campo Marzio
  www.enotecaalparlamento.com

Salumeria Volpetti C/D9
Gourmettempel mit bestem italienischem Käse, Balsamicoessig und Olivenöl, mit frischer Pasta, guter Auswahl an Weinen und Grappe. > **mehr S. 13 Punkt 9**
- Via Marmorata 47 | Testaccio
  www.volpetti.com

AM ABEND

Der abendliche »corso« im historischen Zentrum gehört zu den Höhepunkten eines Rombesuchs. Preiswerte Trattorien und Bars befinden sich am Vicolo della Pace, an der Via Santa Maria dell'Anima oder rund um die Piazza del Fico.

Beliebte Anlaufstellen der Römer sind die Eisdielen › S. 87. Ein weiterer wichtiger Treff ist Trastevere, wo man nach dem Essen im Freien flaniert oder einen Drink genießt. Rom tanzt zwar noch am Monte Testaccio › S. 124. Die Szene der Studenten, Künstler und Medienmacher ist aber längst weitergezogen nach Ostiense und Garbatella südlich von Testaccio sowie nach San Lorenzo und in die angrenzenden Viertel Pigneto und Prenestino, mit wechselnden Pop-up-Locations in leeren Industriehallen. Einige Klubs sind als Kultur- und Freizeitvereine organisiert, bei denen man sich für eine Jahresgebühr von 5 € online als Mitglied registrieren kann (Associazione Ricreativa e Culturale Italiana, www.portale.arci.it). Für einzelne Livekonzerte gehen Tickets in den öffentlichen Verkauf. Nicht vergessen: Roms Nachtleben beginnt erst *dopo cena* (nach dem Abendessen) – gegen 23 Uhr!

Die italienische Tageszeitung »La repubblica« veröffentlicht donnerstags das Veranstaltungsmagazin »Trovaroma« mit einer englischen Zusammenfassung. Online stehen aktuelle Events, Konzerte, Kino- oder Theaterprogramme unter www.romatoday.it (ital.) oder zero.eu/roma (auch engl., dt.). Karten sind im Vorverkauf erhältlich bei TicketOne unter Tel. 89 21 01 (1 €/Min. in Italien) und www.ticketone.it.

THEATER

Im Rahmen der Estate Romana › S. 58 finden Open-Air-Aufführungen auch in Ostia Antica, im Anfiteatro del Tasso oder im Giardino degli Aranci statt.

Teatro Argentina C7

- Largo Torre Argentina 52
  Tel. 066 84 00 03 11 | Centro Storico
  www.teatrodiroma.net

Teatro Eliseo D7

- Via Nazionale 183 | Castro-Pretorio
  Tel. 06 83 51 02 16
  www.teatroeliseo.com

Der Bummel am Abend gehört dazu

Teatro Quirino D6
- Via delle Vergini 7 | Trevi
  Tel. 06 679 45 85
  www.teatroquirino.it

OPER, OPERETTE, KLASSIK

Großes Vergnügen bereiten die **Sommerkonzerte,** z. B. in der Villa Celimonatana, der Villa Ada, den Caracallathermen oder im Marcellus-Theater. Schön ist die Atmosphäre bei Kammerkonzerten in einer der zahlreichen Kirchen, z. B. Chiesa Nuova oder Sant'Agnese in Agone.
- www.tempietto.it

Auditorium Parco della Musica C2/3
Das Auditorium im Norden der Stadt, ein Bau von Renzo Piano, ist Roms ganzer Stolz. Hier finden Klassik-, Pop- oder Rockkonzerte sowie Tanz-, Theater- und Filmevents statt. Eine wichtige musikalische Einrichtung und Teil des Auditoriums ist die Accademia Nazionale di Santa Cecilia.
- Viale Pietro de Coubertin 30
  Flaminio | Tel. 06 80 24 12 81
  www.auditorium.com

Teatro dell'Opera E6
Roms Aushängeschild in Sachen konventioneller Kulturarbeit. Während der Estate Romana > **S. 58** finden Open-Air-Aufführungen in den Caracallathermen statt.
- Piazza B. Gigli 1 | Castro Pretorio
  Tel. 064 81 70 03 | www.operaroma.it

LIVEMUSIK UND KLUBS

Beba do Samba
Brasilianische Rhythmen und Ethnomusik, sowie Tango, Swing, Jazz und Punk in San Lorenzo. Di–Sa 19–2 Uhr, Juli/Aug. geschl.
- Via dei Messapi 8 | San Lorenzo
  Mobil-Tel. 38 87 66 07 98
  www.bebadosamba.it

Big Mama C8
Hier treffen sich nicht nur Blues-Fans. Tgl. 21–1.30 Uhr, Juni–Mitte Sept. geschl.
- Vicolo San Francesco a Ripa 18
  Trastevere | Tel. 065 81 25 51
  www.bigmama.it

Black Market E7
Bei den Konzerten »Unplugged in Monti« treten internationale und nationale Musiker im kleinen Kreis auf. Tgl. 19–2.15 Uhr.
- Via Panisperna 101 | Monti
  Mobil-Tel. 33 98 22 75 41
  www.blackmarketartgallery.it

Casa del Jazz E10
Eine Institution für Jazzkonzerte mit international renommierten Musikern.
- Viale di Porta Ardeatina 55
  Ardeatino | Tel. 06 80 24 12 81
  www.casajazz.it

Ex Dogana
Das alte Eisenbahndepot in San Lorenzo eignet sich bestens für Livekonzerte, DJ-Sets, Ausstellungen und Kulturevents. Di–So 12–2, Fr/Sa bis 5, Sa/So ab 10 Uhr.
- Viale dello Scalo S. Lorenzo 10
  San Lorenzo | Mobil-Tel. 33 38 65 49 33

Goa
Tempel für elektronische Musik und neue Trends in Ostiense. Do–Sa 23.30–5 Uhr, Juli–Sept. geschl.
- Via G. Libetta 13 | Ostiense
  Tel. 065 74 82 77 | www.goaclub.com

L'Alibi C10
In der Szene sehr beliebte Gay- und Hetero-Disko, im Sommer mit Terrasse. Mi–So 23–4.30 Uhr.
- Via di Monte Testaccio 40/44
  Testaccio | Tel. 065 74 34 48

In einem der vielen Klubs gibt es immer Livemusik

Le Mura

Musikbar in San Lorenzo mit vorwiegend studentischem Publikum und allabendlichen Live-Gigs, vor allem Alternative, Drum & Bass. Tgl. 21–2 Uhr.

- Via di Porta Labicana 24
  San Lorenzo
  www.lemuramusicbar.com

Piper F4

Seit Jahrzehnten eine Größe in Roms Nachtleben, spielt u. a. Hip Hop und Reggaeton. Do–So 22.30–4.30 Uhr, Juli/Aug. geschl.

- Via Tagliamento 9 | Trieste
  Tel. 068 55 53 98
  www.piperclub.it

Planet Roma C10

Etablierte Location für große Livekonzerte mit viel Platz zum Tanzen. Di–So 22–4 Uhr, Juli/Aug. geschl.

- Via del Commercio 36 | Ostiense
  Tel. 065 74 78 26
  www.planetroma.com

Rashomon Club

Dunkle Ziegelwände reflektieren Indie- und New-Wave-Musik, immer auf der Suche nach neuen Klängen. Alternativer Underground-Look. Do 20–3, Fr/Sa 23.30 bis 4.30 Uhr, Juli/Aug. geschl.

- Via degli Argonauti 16 | Ostiense
  www.rashomonclub.com

Shari Vari C7

Ab Mitternacht wird getanzt, dann verwandelt sich das Restaurant in einen Klub. Die Musik in den drei unterschiedlich gestylten Sälen variiert von Hip Hop, R&B bis zu Pop und Rock. Di–So bis 4 Uhr. Mo Klub geschl.

- Via di Torre Argentina 78
  Centro Storico | Tel. 068 80 69 36
  www.sharivari.it

Trenta Formiche

Underground, Rock und Metal – der Klub und Kulturverein *(arci)* erfreut sich großer Beliebtheit. Di–Sa 22–2 Uhr.

- Via del Mandrione 3 | Pigneto
  www.30formiche.it

Buntes Treiben auf der Piazza della Rotonda

LAND & LEUTE

STECKBRIEF

- **Lage:** 41° 54′ N, 12° 30′ O, in der Region Latium
- **Fläche:** 1290 km^2, davon Vatikanstaat 0,44 km^2
- **Stadtbezirke:** 15 Stadtbezirke *(municipi)* unterteilt in 155 Zonen *(zone urbanistiche)*
- **Einwohner:** 2,9 Mio.
- **Bevölkerungsdichte:** 2228 Einw./km^2
- **Religion:** 98 % römisch-katholisch
- **Stadtwappen:** S.P.Q.R. (lat.: Senatus Populusque Romanus, dt.: Senat und Volk von Rom)
- **Stadtpatrone:** hll. Petrus und Paulus

- **Telefonvorwahl:** + 39 06
- **Zeitzone:** MEZ
- **Währung:** Euro (€)

LAGE UND LANDSCHAFT

Rom liegt auf etwa dem gleichen Breitengrad wie Barcelona, ungefähr 20 km von der Küste des Tyrrhenischen Meeres entfernt, an den Ufern des Tiber, der die Stadt von Nord nach Süd durchfließt.

Die sieben klassischen Stadthügel Palatino, Campidoglio, Aventino, Quirinale, Viminale, Esquilino und Celio, zwischen denen sich die römischen Foren ausbreiten, liegen östlich, die Viertel Trastevere und Gianicolo sowie der Vatikan westlich des Tiber.

BEVÖLKERUNG

Die Bevölkerungsentwicklung Roms spiegelt das wechselhafte Schicksal der Stadt wider: Lebten hier im 2. Jh. unter der Herrschaft Trajans mehr als 1 Mio. Menschen, so waren es nach dem Zerfall des Römischen Reichs im 6. Jh. nur noch 15000. Die Einwohnerzahl stieg bald wieder an, bis sie durch den Wegzug der Päpste nach Avignon Anfang des 14. Jhs. auf 20000 Bewohner zurückging. Erst um 1870 war Rom mit 200000 Menschen wieder eine Großstadt, die bis 1900 aufs Doppelte anwuchs. Heute zählt die Stadt fast 2,9 Mio. Einwohner. Doch hohe Mieten und sinkende Lebensqualität treiben viele Römer ins Umland. Die Bevölkerung des Centro Storico sank in 30 Jahren um ein Drittel. Bei gleichzeitiger Abwanderung des traditionellen Kleingewerbes in die Außenviertel gerät die vielgerühmte römische Mischung in Gefahr. Das wahre römische Leben findet man auch um den Campo de' Fiori, im einstigen Ghetto sowie in Trastevere und Testaccio immer seltener.

Die *Romani di Roma*, also echte Römer, sind seit jeher eine Minderheit. In der Antike kamen Sklaven, Legionäre und Händler aus dem gesamten Römischen Reich hierher, in Renaissance und Barock Künstler u. a. aus der Toskana und Umbrien, nach 1871 Beamte und Soldaten aus Piemont, später arbeitssuchende Süditaliener und seit Ende des 20 Jh. Menschen vor allem aus Europa und Asien. Etwa 13,1 % der Einwohner sind Ausländer (*stranieri*), die größten Gruppen stellen Rumänen, Bangladescher, Philippiner und Chinesen. Alljährlich bevölkern etwa 14 Mio. Touristen, die im Schnitt 2,5 Tage in der Stadt bleiben, die Straßen.

WIRTSCHAFT UND POLITIK

Rom ist die Hauptstadt Italiens und der Region Latium. Über 80 % der Bevölkerung arbeiten im Dienstleistungsbereich: Internationale Großkonzerne, Banken, Versicherungen und Behörden bestimmen das Wirtschaftsleben. Zudem ist Rom Sitz der UN-Organisationen IFAD, FAO sowie des Welternährungsprogamms WFP.

Bei den Kommunalwahlen 2016 gewann die Protestpartei Movimento 5 Stelle (M5S) die absolute Mehrheit. Seitdem steht Virginia Raggi dem 48-köpfigen Gemeinderat als Bürgermeisterin vor.

Innerhalb der Stadt ist der Vatikanstaat eine unabhängige Enklave mit dem Papst als Regierungschef. Seit 2013 ist Papst Franziskus Oberhaupt der römisch-katholischen Kirche und Bischof von Rom.

ROMA VERDE

Bedeutende Impulse für die Stadtentwicklung setzte zuletzt Walter Veltroni (PD). Während seiner Amtszeit als Bürgermeister Roms 2001–2008 sorgte er nicht nur für die Wiedereröffnung einiger jahrzehntelang geschlossener Museen, sondern auch für einen städtischen Flächennutzungsplan zur Förderung von Umweltschutz und Lebensqualität. 90 000 ha im Umland von Rom wurden 2007 zu nicht bebaubarer Fläche erklärt. Zum Schutz von Grünzonen, Lebensraum von 162 Tier- und über 1400 Pflanzenarten, sollten Bodenspekulation unterbunden werden. Doch trotz Fahrverboten, neuen Fußgängerzonen und Ausbau des öffentlichen Nahverkehrs lässt der Wandel Roms zur grünen Metropole auf sich warten. Die nach wie vor mangelhafte Infrastruktur gilt als mitentscheidend für den Wahlerfolg von M5S.

Die Verlängerung der dritten römischen Metrolinie C bis zum Kolosseum soll 2021 abgeschlossen werden. Seit 2018 ist die fahrerlos betriebene Teilstrecke vom südöstlichen Stadtrand bis zur Station San Giovanni fertiggestellt. Archäologische Funde verzögern und verteuern die Bauarbeiten im Untergrund. Daneben erschweren Korruptionsvorwürfe und Gewerkschaften die Umsetzung politischer Pläne, wie Reformen des Nahverkehrs und der Müllabfuhr. Immerhin konnte die Bewerbung Roms für die olympischen Sommerspiele 2024 zurückgezogen werden, eine weitere Bewerbung ist nicht angedacht.

GESCHICHTE IM ÜBERBLICK

»Sieben, fünf, drei – Rom schlüpft aus dem Ei!« Es ist kinderleicht, sich das Jahr zu merken, in dem die Legende die Gründung der Siebenhügelstadt ansiedelt. Mythisch wird sie den Zwillingen Romulus und Remus zugeschrieben, die von einer Wölfin gesäugt und vom Hirten Faustulus erzogen worden sein sollen. Älteste Siedlungsfunde datieren jedoch aus weit früherer Zeit. Zu den ersten Bewohnern zählten die Sabiner, die wie ihre italischen Stammesvettern dem Stiergott huldigten. Der alte Name Italia leitet sich eventuell von den Anhängern dieses Kultes, den »Vituli« (Söhne des Stiers), ab. Ihren Geburtstag feiert die Ewige Stadt, deren Name wohl auf das etruskische »Ruma« zurückgeht und eine Grenzfeste bezeichnete, jedes Jahr am 21. April.

KÖNIGSZEIT

Ab 715 v. Chr. Der Einfluss der nördlich von Rom siedelnden Etrusker schlägt sich in der ersten Entwicklungsphase Roms nieder. Staat und Armee ordnen sich nach etruskischem Muster, der König ist Heerführer und Pontifex Maximus (oberster Priester) zugleich.
Den sagenhaften Etruskerkönigen Numa Pompilius (er soll italische und etruskische Religionsvorstellungen vermischt und so zum Aufbau der römischen Götterwelt beigetragen haben), Tullus Hostilius und Ancus Marcius folgen vier weitere Regenten. Unter Tarquinius Priscus werden ab 616 v. Chr. die Melioration der Tiberufer zwischen Kapitol, Palatin und Esquilin in Angriff genommen und die Cloaca maxima gebaut. Servius Tullius

In den Kapitolinischen Museen wird das Erbe der Vergangenheit sorgfältig restauriert wird die erste Stadtmauer zugeschrieben; Reste finden sich nahe der Stazione Termini. Gemeinsam mit seinem Nachfolger Tarquinius Superbus baut er die lokale Vormachtstellung aus.

509 v. Chr. Das Reich der Tarquinier endet mit dem Sturz des Lucius Tarquinius Superbus.

REPUBLIKANISCHE ZEIT

Nunmehr fungiert die auf dem Marsfeld tagende Heeresversammlung als oberstes Machtorgan. Nicht die Zugehörigkeit zu einem Adelsgeschlecht (Gens), sondern die Vermögenslage entscheidet über den Einfluss. Neben den Volksversammlungen bilden der Senat als Ältestenrat sowie der Magistrat die Säulen für den Aufstieg Roms. Die Buchstaben SPQR – für Senatus Populusque Romanus (Senat und Volk von Rom) – drücken als Hoheitszeichen der römischen Republik neben der Machtverteilung auch den Stolz der Bürger aus. Beamte (Konsuln, Quästoren, Prätoren, Zensoren, später Ädilen) werden auf Zeit gewählt. Konflikte zwischen Volk und Adel führen zu einer Reihe von neuen Gesetzen, die das Leben in den vier Stadt- und 17 ländlichen Bezirken Roms lange Zeit verbindlich regeln.

396 v. Chr. Der Niedergang des Etruskerreiches beginnt mit der Zerstörung ihrer Stadt Veji durch die Römer.

387 v. Chr. Die Kelten, die zu Jahrhundertbeginn in Italien eingefal len sind, fügen Rom eine schwere Niederlage zu.

146 v. Chr. Der Dritte Punische Krieg endet mit der Zerstörung Karthagos in Nordafrika. Rom erringt die Vormachtstellung im gesamten westlichen Mittelmeer.

81 v. Chr. Nach Niederwerfung der Reformbewegung der Gracchen setzt Sulla Truppen gegen die Bevölkerung ein. Die Senatoren werden zur herrschenden Schicht, Volkstribune entmachtet. Pompeius und Gaius Julius Cäsar (100 bis 44 v. Chr.) bauen den Machtbereich zum Imperium aus, republikanische Rechte existieren de facto nicht mehr.

KAISERZEIT

27 v.–14 n. Chr. Oktavian erhält den Ehrentitel Augustus und begründet das Kaisertum. Er lässt öffentliche Gebäude mit Marmor verkleiden: Rom wird zur »weißen Stadt«.

64 n. Chr. Kaiser Nero lässt nach einem verheerenden Großbrand in der Stadt seine Domus Aurea (Goldenes Haus) bauen.

98–117 Unter Kaiser Trajan erreicht das Römische Imperium seine größte Ausdehnung.

117–138 Hadrian konsolidiert die Reichshoheit und schottet das Imperium vor den »Barbaren« ab. In seine Regierungszeit fällt eine Blüte hellenistischen Kulturguts.

193–235 Die Severer erleben nach Septimius Severus (Triumphbogen auf dem Forum Romanum) den Tyrannen Caracalla und den Syrer Heliogabal auf dem Thron.

235–284 Unter den Soldatenkaisern beginnt der Abstieg des

Imperiums. Aurelian lässt die Stadtmauer errichten. Grausame Christenverfolgungen unter Decius und Valerian.

284–305 Diokletian teilt das Reich in vier Herrschaftszonen und begründet die Tetrarchie. Angesichts einer zerrütteten Wirtschaft flüchten viele Bürger aus Rom.

312–337 Nach der Schlacht an der Milvischen Brücke besteigt Konstantin den Cäsarenthron. Erstmals wird das Christentum anderen Religionen gleichgestellt. 326 weiht Papst Silvester I. die erste Peterskirche ein. 330 verlegt Konstantin seinen Regierungssitz nach Byzanz/Konstantinopel. Auf dem Sterbebett konvertiert er zum Christentum.

395 Nach dem Tode Theodosius' des Großen endgültige Teilung des Römischen Reiches.

476 Untergang des Weströmischen Imperiums. Nach einer Phase zunehmender Bedrohungen durch Hunnen und Germanen unterwirft der Heerführer Odoaker Italien. Er entthront den letzten römischen Kaiser Romulus Augustulus.

MITTELALTER

590–604 Papst Gregor der Große gewinnt die christlichen Langobarden für den Katholizismus.

756 Frankenkönig Pippin der Kurze überlässt die eroberten mittelitalienischen Gebiete dem Oberhaupt der Kirche. Die Pippinsche Schenkung markiert den Beginn des Kirchenstaates.

800 Karl der Große wird zu Weihnachten von Papst Leo III. zum Kaiser gekrönt.

1309 Exodus Papst Clemens' V. nach Avignon. In Rom leben nur noch rund 20 000 Menschen.

1377 Gregor XI. kehrt aus dem Exil in Avignon wieder in die Stadt am Tiber zurück. Das Große Schisma, das der Kirche sieben Gegenpäpste beschert, wird erst 1417 mit Papst Martin V. beendet.

NEUZEIT

1527 Plünderung Roms durch deutsche Söldnertruppen Karls V.

1798–1814 Napoleonische Truppen besetzen wiederholt den Kirchenstaat, der in der Folge ins französische Kaiserreich eingegliedert wird, bis der Wiener Kongress die Päpste wieder in ihre Rechte einsetzt.

1870 Gründung des italienischen Einheitsstaates (Hauptstadt Rom).

1922 Mussolinis Marsch auf Rom läutet die faschistische Ära ein. Vor der Befreiung von den Deutschen durch die Alliierten 1944 werden Teile der Stadt bei verheerenden Bombenangriffen schwer getroffen.

1929 Mit den Lateranverträgen werden territoriale und finanzielle Fragen zwischen Staat und Kirche geklärt und die Grundlage für die Selbstständigkeit des Vatikanstaats geschaffen.

1946 Italien wird durch Volksentscheid Republik.

1955 Das erste Stück der U-Bahn Metropolitana wird eröffnet.

1957 »Römische Verträge«: Die EWG (heute EU) wird gegründet.

1978 Mit dem Polen Karol Wojtyła wird nach über 400 Jahren erstmals wieder ein Nichtitaliener zum

Wo der Papst auftritt, jubeln die Menschen ihm zu

Oberhaupt der römisch-katholischen Kirche gewählt.

1980 Altstadt und Vatikanstadt werden von der UNESCO zum Weltkulturerbe erklärt.

1990er-Jahre Bei der Aktion »Mani pulite« (Saubere Hände) wird in großem Umfang Korruption aufgedeckt. Christdemokraten (DC) und Kommunisten (PCI) lösen sich auf.

1994 Der Grüne Francesco Rutelli wird Bürgermeister Roms; Wiederwahl 1997.

21. JAHRHUNDERT

2005 Papst Johannes Paul II. stirbt am 2. April. Zum Nachfolger gewählt wird der Deutsche Joseph Ratzinger, der den Namen Benedikt XVI. annimmt.

2008 Der seit 2001 amtierende Bürgermeister Walter Veltroni tritt zurück, um für die Mitte-Links-Partei PD bei den Parlamentswahlen zu kandidieren. Sein Nachfolger wird Giovanni Alemanno (PdL).

2013 Papst Benedikt XVI. tritt am 28. Februar aus Altersgründen zurück. Das Konklave entscheidet sich für den Argentinier Jorge Mario Bergoglio (*1936) als neuen Papst. Der erste Jesuit und Lateinamerikaner in diesem Amt nennt sich Franziskus. Ignazio Marino (PD) setzt sich bei den Bügermeisterwahlen durch.

2015 Am 8. Dezember beginnt das von Papst Franziskus ausgerufene Heilige Jahr.

2016 Virginia Raggi von der Protestpartei Movimento 5 Stelle (M5S) wird zur Bürgermeisterin gewählt.

2018 Seit den Wahlen ist die EU-skeptische M5S die stärkste der im italienischen Parlament vertretenen Parteien und bildet seit 1. Juni in Koalition mit der rechten Lega Nord die Regierung Italiens.

KUNST & KULTUR

FRÜHZEIT

Der Einfluss der Etrusker auf die Entwicklung des römischen Gemeinwesens kann nicht hoch genug eingeschätzt werden. Die Ingenieurskunst (etwa die geniale Leistung der Cloaca maxima), Religion, Metallverarbeitung, vor allem aber die Handelsbeziehungen des nördlich von Rom regierenden Zwölfstädtebundes spielten für die Metropole eine prägende Rolle.

Die gern als »orientalisierende Phase« apostrophierte frühe Zeit wurde zudem in wachsendem Ausmaß durch die griechischen Kolonien in Unteritalien beeinflusst. Auch in dem im engeren Sinne kulturellen Bereich verdankte die junge Stadt beiden Gruppen entscheidende Impulse: Etruskische und hellenistische Baumeister errichteten am Tiber die ersten Tempel.

Mit der Expansion in vorchristlicher Zeit fand die Kultur des gesamten Mittelmeerraumes Eingang ins Geistesleben. Erbeutete Statuen, Skulpturen und Kostbarkeiten wurden indes nicht mehr in Kultstätten, sondern zu rein dekorativen Zwecken innerhalb der Stadtmauern aufgestellt. Mit dem Untergang des Etruskerreiches, das lange auch Vorbildfunktion im gesellschaftlichen Bereich gehabt hatte, setzte sich endgültig die hellenistische Kultur als prägend durch.

Roms Bildhauer, anfangs noch nicht am Tiber ausgebildet, sondern als menschliche Beute hierher verfrachtet, kopierten die häufig jahrhunderte-

Eine Wölfin soll Romulus und Remus, die Gründer Roms, gesäugt haben

alten Statuen ihrer griechischen Vorbilder, sorgten für repräsentative Ausstattung der Aristokratenhäuser und schufen mit der realitätsnahen Porträtbüste eine Neuerung, die das alte Griechenland nicht gekannt hatte.

IMPERIALE ZEIT

Tatsächlich bildeten der Personenkult und seine Zurschaustellung die entscheidenden Faktoren zur Entwicklung einer eigenständigen römischen Bildhauerei, die im 1. Jh. n. Chr. ihren vorläufigen Höhepunkt erreichte. Reich verzierte Triumphbögen und Triumphsäulen entstanden, Reliefs mit Darstellungen von Helden und ihren Kriegszügen wurden ausgemeißelt. Roms Kunst war nicht mehr idealistisch, sondern ganz der Zeit ihrer Entstehung verhaftet.

Auch in der Tempelbaukunst orientierten sich die Baumeister nicht mehr ausschließlich an griechischen Vorbildern. Sie kreierten eine Mischung aus etruskisch-hellenistischem Stil, entwickelten die Säulenvorhalle und betonten die axiale Grundausrichtung. Neben mit Marmor verschönerten Fassaden erhielt Rom in dieser Zeit gewaltige Bauten für das Volk: Zirkus, Amphitheater und Thermen verlangten eine Revolutionierung der Gebäudeformen. Für die neu entwickelten Kuppelkonstruktionen, Strebewerke, Bogen-, Tonnen- und Kreuzgewölbe und Säulenordnungen nutzten die Römer eine Art Beton *(Opus caementicium)* aus Stein, Sand, Kalkstein und Ziegelstaub vermischt mit Meerwasser. Private Auftraggeber wurden in der imperialen Zeit wichtige Mäzene: Mosaiken, Plastiken und Malereien schmückten die Paläste der Senatorenschicht. Am weitesten entwickelt war die Malerei, die bereits die Perspektive, die Genremalerei, Monumentalgemälde, Stillleben und Porträts kannte. Die erste christlich geprägte Kunst fand sich an den Wänden und Decken der Katakomben.

Den Höhepunkt literarischen Schaffens erlebte Rom unter den Kaisern Trajan, Hadrian und Mark Aurel – der Letztere tat sich selbst als Philosoph und Schriftsteller hervor. Ein Einschnitt war die fundamentale Neuorientierung nach der Konstantinischen Wende, die den Übergang zum Christentum markierte und etwa 40 Jahre andauerte. Architektonisch erwies sich die spätrömische Phase als außergewöhnlich fruchtbare Zeit. Zahllose Basiliken wurden errichtet, Rom erlebte einen wahren Bauboom.

MITTELALTER

Den Wirren des Frühmittelalters folgte die streng formale byzantinische Kunst, von der insbesondere die vielfältig erhaltenen Kirchenmosaiken zeugen. Der zwischen Rom und Byzanz ab 730 ausgefochtene Bilderstreit um die Darstellung des Antlitzes Christi führte in der Hauptstadt des Oströmischen Reiches zu einer streng festgelegten und geregelten Ikonografie, während man sich in der Tibermetropole auf Papst Gregor den Großen berief und die Malerei als geeignetes Medium der Glaubensverbreitung anerkannte. Die Provinzialisierung der römischen Politik im 9. und 10. Jh., als Stadt und Papsttum zum Spielball lokaler Adelsfamilien wurden, führte allerdings zu einem Niedergang der Kunst.

Erst mit der romanischen Baukunst und schließlich den Meistern der Hochgotik (Pietro Cavallini, Giotto) erlebte die Tiberstadt einen neuen künstlerischen Aufschwung, der jedoch mit dem Umzug der Päpste nach Avignon erneut zum Stillstand kam. Nach Beendigung des Schismas ging es unter dem Förderer des Humanismus, Papst Nikolaus V., ab 1447 wieder aufwärts.

RENAISSANCE

Die Epoche der Renaissance wurde geprägt von Malern und Architekten wie Masaccio, Bramante, Raffael und Michelangelo, die den wiederentdeckten Motivreichtum der Antike konsequent ein- und umsetzten. Der Bau der neuen Peterskirche dokumentierte den Sieg der Renaissance über die Vorgaben der Antike. Der Status der Künstler wandelte sich vom schlecht bezahlten Handwerker zum umjubelten, mit Privilegien ausgestatteten Genius.

Die Befreiung von den Zwängen der kirchlichen Auftraggeber vollzog ab 1590 Caravaggio, der erstmals Themen und Figuren seiner Bilder aus dem römischen Alltagsleben wählte. Eine zunehmende Anzahl privater Mäzene unterstützte diese Emanzipation des Künstlertums.

DAS BAROCKE ROM

Die Gegenreformation führte kurzfristig zu einer künstlerischen Stagnation. Schamhaft wurden als zu freizügig empfundene Darstellungen mit Feigenblättern oder Tüchern übermalt (z. B. Michelangelos »Jüngstes Gericht«).

Nach dem Manierismus dokumentierte vor allem der Barock den Aufstieg der Päpste zu absolutistischen Herrschern. Die Kirchenfürsten wie etwa Papst Urban VIII. sorgten für die stadtplanerische Umgestaltung der über 1000 Jahre lang gewachsenen Tiberstadt. Plätze und Straßenschneisen brachten Struktur in das Häusermeer, Rom erhielt in groben Zügen sein heutiges Stadtbild. Unter Baumeistern wie Bernini und Borromini, die ständig bemüht waren, einander zu überbieten, erlebte der barocke Kirchenbau seine Hochblüte. Ab 1763 löste der deutsche Gelehrte Johann Joachim Winckelmann mit seinen Berichten eine bis heute andauernde Reisewelle in die Ewige Stadt aus, der sich auch Goethe nicht zu entziehen vermochte.

Nach dem Intermezzo der Französischen Revolution und Napoleons, das für Rom Umbauten durch Valadier (z. B. Piazza del Popolo, Pincio-Hügel) mit sich brachte, kam die künstlerische Kraft der Tiberstadt bis zur italienischen Einigung 1870 zum Stillstand. Der Kunstmarkt lieferte hauptsächlich archäologische Reminiszenzen der römischen Antike, die immer mehr durch Kopien ersetzt wurden.

DAS 20. JAHRHUNDERT

Durch die Industrialisierung setzte um 1900 eine Bauwut ein, der unzählige historische Gebäude zum Opfer fielen. Noch mehr historische Bausubstanz ging durch die Eingriffe der Faschisten verloren. Mussolini ließ mit dem Corso del Risorgimento und der Via dei Fori Imperiali Schneisen in die Stadt schlagen und das EUR-Viertel im Süden sowie das Olympiagelände im Norden errichten.

Die Futuristen, die die Geschwindigkeit als Motor des 20. Jhs. entdeckten, präsentierten ihre Werke und avantgardistischen Manifeste 1912 auch in Rom. Doch seinen Ursprung hatte der Futurismus fernab der italienischen Hauptstadt.

Das MAXXI, Roms Museum für das 21. Jh., fasziniert mit ungewöhnlicher Architektur

AKTUELLE KULTUR

Rom hat inzwischen den Anschluss an die Zentren der italienischen Gegenwartskunst geschafft, auch wenn Mailand als Galerienstandort noch immer bedeutender ist als die Hauptstadt. Die Kunstszene ist durch Mittelkürzungen sowie den Generationenumbruch in Bewegung geraten und sucht auch in Rom nach neuen Wegen im dritten Jahrtausend. Auf institutioneller Seite hat man mit dem Umbau des Palazzo delle Esposizioni an der Via Nazionale riesige Ausstellungsflächen für aktuelle Kunst geschaffen. Hervorzuheben sind auch der Um- und Ausbau des Museums für zeitgenössische Kunst und Fotografie (MACRO) › S. 125 sowie das neue Museum für Kunst und Architektur des 21. Jhs. (MAXXI) › S. 107 aus dem Jahr 2010. Die spektakulären Entwürfe stammen von den international renommierten Architektinnen Odile Decq bzw. Zaha Hadid. Auch italienische Stararchitekten setzten Akzente: Renzo Pianos Auditorium Parco della Musica (2002) › S. 42 unterstreicht Roms Bedeutung als Theater- und Musikmetropole. Und Massimiliano Fuksas verlieh dem EUR-Viertel mit seinem luftig-lichten Kongresszentrum »La Nuvola« (2016) neuen Schwung.

Rom spielt nach wie vor eine Hauptrolle bei Filmproduktionen für Kino und TV. Dafür sorgen neben den Stadtkulissen die Angebote der Cinecittà › S. 151. Den großen italienischen Meistern wie Luchino Visconti und Federico Fellini folgten weniger bekannte, gleichwohl bedeutende Regisseure wie Nanni Moretti, Silvio Soldini, Paolo Sorrentino und Paolo Virzi.

KUNST IN THERMEN UND KATAKOMBEN

Statuen in dunklen, staubigen Museumsnischen, jahrelang eingerüstete Kirchenfassaden, verschlossene Museumsflügel ... Längst haben ein Erneuerungsprogramm, das in seinem gewaltigen Umfang fast schon der Baupolitik der Renaissancepäpste glich, und die Unterstützung finanzstarker Sponsoren diesen traurigen Zustand beendet. Die unzähligen antiken Kunstdenkmäler erstrahlen in altem Glanz und werden Besuchern durch einen ausgeklügelten didaktischen Apparat nähergebracht. Audioguides, Schautafeln, Modelle und Computerani-

Spannendes Nebeneinander von Kunst und Maschine in der Centrale Montemartini

mationen erläutern die Exponate, vermitteln Hintergrundwissen und machen Lust auf mehr. Professionelles Management sorgt für aktuelle Websites, Ticketreservierungen und barrierefrei zugängliche Ausstellungen. Gut sortierte Läden und stilvolle Museumscafés runden die Besichtigung ab.

GROSSER ARCHÄOLOGISCHER PARK

Das **antike Zentrum** der Ewigen Stadt › S. 73 – Kolosseum, Colle Oppio mit der Domus Aurea, Kaiserforen, Forum Romanum und Kapitol –, durch die urbanistischen Eingriffe Mussolinis zerstückelt und getrennt, wurde 2017 als Parco archeologico del Colosseo (http://colosseo.beniculturali.it) zusammengefasst. Der archäologische Park soll künftig bis zur Via Appia Antica erweitert werden. Die Ausgrabungen in den Foren liefern nicht nur spannende Forschungsergebnisse zur Frühzeit der Stadt, sondern rekonstruieren auch den ursprünglichen baulichen Zusammenhang. Die einst stark befahrene Via dei Fori Imperiali ist für den Durchgangsverkehr gesperrt, ausgenommen sind Taxis und Linienbusse. Und das Museo dei Fori Imperiali dokumentiert in den Trajansmärkten mittels neuester Technik anschaulich die Funde der Archäologen.

Westlich vom Forum Romanum erhebt sich das Kapitol, der kleinste der sieben Hügel Roms. Hier zeigen die **Kapitolinischen Museen** › S. 76 einen Querschnitt durch die römische Kunst. Eine unterirdische Galerie, die die Museumsflügel mit dem antiken Staatsarchiv verbindet, führt die Besucher vorbei an Fundamenten, Tempelresten, Stelen und Skulpturen durch die lange Siedlungsgeschichte des Hügels.

Das **Museo Nazionale Romano** präsentiert seine wertvollen Bestände in verschiedenen Gebäuden. Im eleganten Palazzo Altemps › S. 86 aus der Renaissance setzen frühklassische und römische Meisterwerke ersten Ranges visuelle Akzente. Ideal sind Beleuchtung, Belüftung und Präsentation der Exponate im Palazzo Massimo › S. 101, in dem ein umfassendes Bild von Handwerk, Totenkult und Wirtschaft in der Antike vermittelt wird. Weiteren interessanten Themen widmen sich die Ausstellungen in den Thermen des Diokletian › S. 100.

STATUEN UNTER STROM

Kunstgenuss der besonderen Art bietet die Zweigstelle der Musei Capitolini in der **Centrale Montemartini.** In diesem aufgelassenen Elektrizitätswerk werden Grabungsfunde aus der Antike präsentiert – rund 400 Marmorstatuen, Mosaike und Grabinschriften › S. 123.

ROMA ARCHAEOLOGIA CARD

Der Kauf dieser Karte lohnt sich. Sie gilt sieben Tage für Kolosseum, Palatin, Forum Romanum, Museo Nazionale Romano (Palazzo Massimo, Terme di Diocleziano, Palazzo Altemps, Crypta Balbi), Caracallathermen, Tomba di Cecilia Metella und Villa dei Quintili. Verkauf bei den Monumenten, 23 €.

FESTE & VERANSTALTUNGEN

März: Am 19. März wird das volkstümliche **Fest des hl. Joseph** besonders im Stadtteil Trionfale gefeiert. Die Bäckereien verkaufen traditionell *bignè* und Krapfen.
Karfreitag führt der Papst eine Kreuzwegprozession mit Kerzen und Fackeln an.
Nach der Ostermesse auf dem Petersplatz spricht der Papst seinen Segen Urbi et Orbi (der Stadt und dem Erdkreis).
März/April: Wenn die Azaleen blühen, schmücken sie bei der **Festa della Primavera** (Frühlingsfest) die Spanische Treppe.
April: Anfang April findet der **Rom-Marathon** mit den weltbesten Langstreckenläufern statt (www.maratonadiroma.it).
Offizielle Veranstaltungen, ein Umzug und Vorführungen historischer Gruppen, Gladiatorenspiele und Musik sowie ein Feuerwerk begleiten **Roms Geburtstag** am 21. April auf dem Kapitol, in den Fori Imperiali und im Zirkus Maximus.

Bei der Festa de' Noantri

Mai: Der **1. Mai** wird traditionell mit einem von den Gewerkschaften ausgerichteten Open-Air Konzert nationaler und internationaler Rockstars gefeiert (Piazza San Giovanni).
Ende Mai versammelt sich die Weltelite der Springreiter in der Villa Borghese zum Turnier **CSIO di Roma** (www.piazzadisiena.it).
Juni: Die **Festa di San Giovanni** (23./24. Juni) feiert der gleichnamige Stadtteil (San Giovanni in Laterano) traditionell mit Schnecken- und Spanferkelessen, Tanz, Musik und Fässern voller Wein aus den Castelli Romani.
Der **Festtag der Stadtpatrone Petrus und Paulus** (29. Juni) wird mit Prozessionen und Messen begangen.
Juni–August: Die Villa Ada bietet den Rahmen für **Roma Incontra il Mondo,** Musik aus aller Welt, teils gratis (www.villaada.org).
Juni–September: Die Veranstaltungsreihe **Estate Romana** umfasst Kino, Konzerte, Tanz, Theater und Kunst – meist im Freien (www.estateromana.comune.roma.it).
Juli: Mitte bis Ende des Monats feiert Trastevere die **Festa de' Noantri** mit Prozessionen, Lichterketten, Abendessen im Freien, viel Musik, Folklore und natürlich Wein (www.festadenoantri.it).
August: Vor der Basilika Santa Maria Maggiore erinnert die **Festa della Madonna della Neve** am 5. Aug. mit einer Licht-und-Ton-Show an das »Schneewunder«, Schneefall im August, der zum Bau der Kirche führte > **S. 108.**

Papst Franziskus hält eine öffentliche Messe auf dem Petersplatz

Oktober: Die Konzertsaison beginnt. In den Albaner Bergen finden die **Weinfeste** (Ottobrate) statt: Die Tradition der antiken Weinfeste, der Vignalia, lebt in Frascati fort, dessen Wirte ihre Tavernen mit einem Bündel wilder Lorbeerblätter (*frasca*) schmücken. Das Dörfchen Marino verwandelt sich alljährlich in ein Schlaraffenland. Denn dann strömt Wein aus der Fontana del Nettuno (Piazza San Barnaba) und der Fontana dei Mori (Piazza Matteotti), wie 1571 bei der siegreichen Rückkehr Marcantonio Colonnas mit der päpstlichen Flotte aus der Seeschlacht von Lepanto.

Dezember: Zum **Fest der Unbefleckten Empfängnis** (Festa dell'Immacolata Concezione) am 8. Dezember wird die Marienstatue auf der Piazza Spagna mit Blumen geschmückt, und der Papst hält dort eine Andacht. Am Abend leuchten auf dem Petersplatz erstmals die festlichen Lichter an Weihnachtsbaum und Krippe, die bis Sonntag nach dem 6. Jan. stehen bleiben.

In der Adventszeit stellen viele Kirchen ihre Krippen auf. Besonders zu empfehlen sind die Exemplare in Santa Maria in Via, Sant'Alessio, Santa Maria Maggiore und Sacro Cuore di Maria.

Der Papst erteilt am **25. Dezember** wie Ostern seinen Segen Urbi et Orbi (der Stadt und dem Weltkreis).

Die Römer begehen den **Jahreswechsel** am 31. Dezember besinnlich im Kreis von Familie und Freunden oder profan bei der öffentlichen Party, begleitet von zahlreichen lokalen Bands, auf der Piazza del Popolo.

Die Piazza del Popolo
am Beginn der Via del Corso

TOUREN & SEHENSWERTES

DER VATIKAN

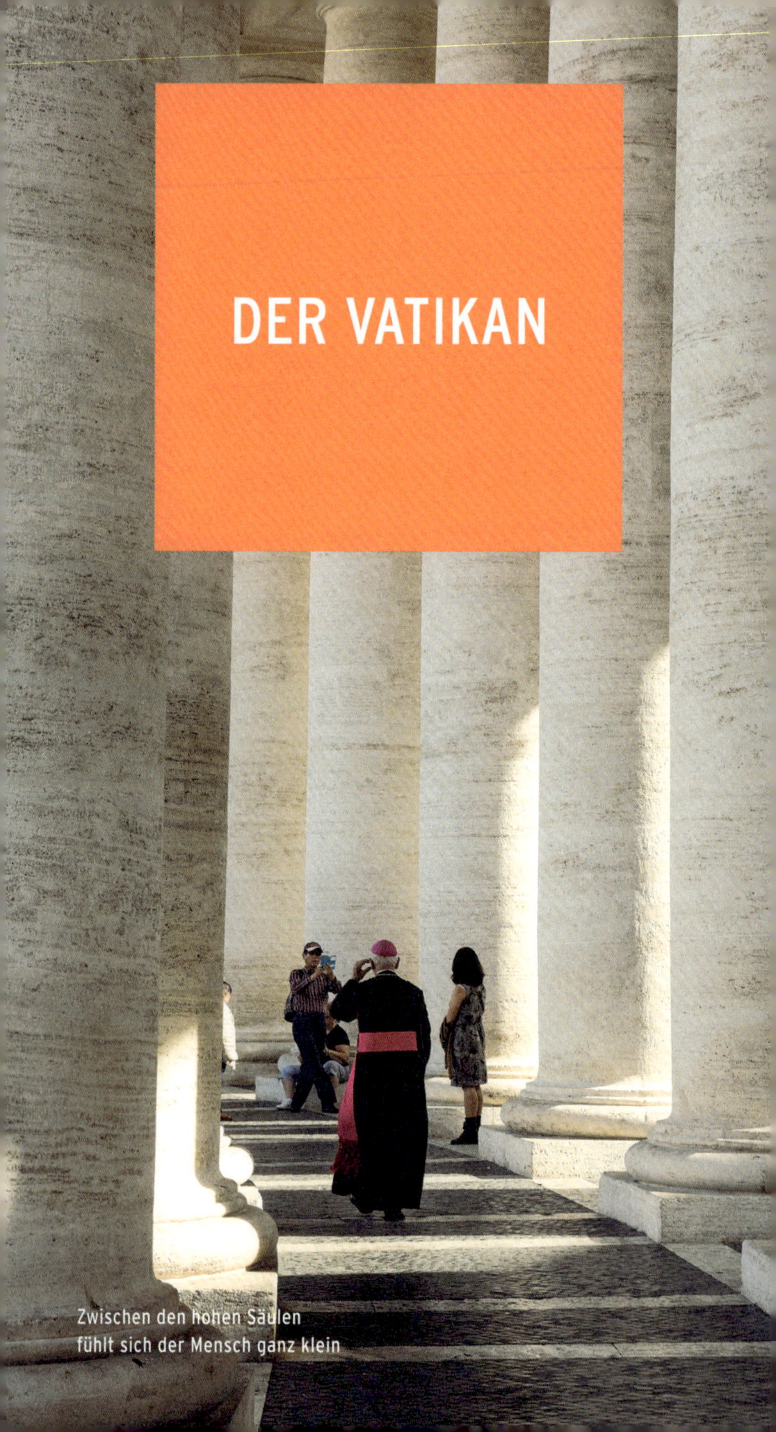

Zwischen den hohen Säulen
fühlt sich der Mensch ganz klein

Der kleinste Staat der Erde wartet mit einem eindrucksvollen Platzensemble auf, gerahmt von Kolonnaden, dem gigantischen Petersdom und dem Papstpalast, einzigartigen Kunstschätzen und ausgedehnten Gärten.

Die Vatikanstadt (Città del Vaticano) ist ein unabhängiger Staat innerhalb des römischen Stadtgebiets. Zu seinem Territorium gehören Peterskirche und -platz, Vatikanpalast und Vatikanische Gärten. Auf 0,44 km² konzentriert sich die Macht der römisch-katholischen Kirche. Staats- und Kirchenoberhaupt ist der Papst.

Bereits im 4. Jh. wurde über dem Grab des Apostels Petrus eine erste Kirche errichtet. Aber erst nach der Rückkehr aus ihrem Exil in Avignon 1377 verlegten die Päpste ihre Residenz vom Lateran auf den sicheren Vatikanhügel, den ein Fluchtweg mit der Engelsburg verband. Während der Einigung Italiens verlor der Kirchenstaat all seine Besitzungen. Nachdem 1870 italienische Truppen Rom besetzt hatten, sah sich der Papst im Vatikan als Gefangener Italiens; diesen Zustand beendeten 1929 die Lateranverträge.

Dreh- und Angelpunkt des weltweit kleinsten Staates ist die Peterskirche. Das Kircheninnere ist ebenso prachtvoll wie die päpstlichen Gemächer im Vatikanpalast: Einen Teil davon belegen heute die 14 Vatikanischen Museen, die Kunstliebhaber vor die Qual der Wahl stellen.

TOUR IM VATIKAN

TOUR 1

DURCH DIE VATIKANSTADT

VERLAUF: Petersplatz > Peterskirche > Vatikanische Museen > Vatikanische Gärten > Engelsburg > Engelsbrücke

KARTE: Seite 64

DAUER: 5–6 Std.

PRAKTISCHE HINWEISE:

- Frühmorgens ist der Besucherandrang in der Peterskirche (besonders am Aufgang zur Kuppel) und in den Vatikanischen Museen weniger groß.
- Den Petersplatz erreicht man mit der Metro A (Ⓜ Ottaviano-San Pietro), der Straßenbahn 19 sowie Bus 23 (Risorgimento). Bei Engelsburg und Engelsbrücke fahren die Busse 23, 40, 180 (Piazza Pia).

TOUR-START: PETERSPLATZ 1 ★ A/B6

Die 17 m breiten, aus vier Reihen dorischer Säulen (insg. 284) und Pfeiler (insg. 88) gebildeten Kolonnaden umarmen den Platz, das Meisterwerk Berninis, der 140 Heiligenstatuen auf den Flügeln der Piazza San Pietro platzierte (ab 1656). Die beste Perspektive auf die Säulenreihen bieten zwei in das Pflaster eingelassene Rundscheiben links und rechts des **Obelisken,** den Domenico Fontana 1586 aus dem Circus des Nero herbringen ließ. Die Spitze des 37 n. Chr. aus Ägypten an den Tiber verschifften Monolithen enthält eine Reliquie des Kreuzes Christi.

Selbst bei großem Andrang und durch die Absperrgitter, die zur Kanalisierung des Besucherstroms aufgestellt werden, lässt sich die imposante Wirkung von Berninis genialer Platzgestaltung ermessen.

Papstaudienzen finden in der Regel mittwochs um 10 Uhr auf dem Petersplatz statt (bei schlechtem Wetter in der von Pier Luigi Nervi errichteten **Audienzhalle Paolo VI.** 2 links von der Peterskirche). Zwischen Halle und Kirche liegt versteckt der **Campo Santo Teutonico** 3. Der von hohen Mauern geschützte deutsche Friedhof ist eine Insel der Ruhe. Die Schweizergardisten gewähren deutschsprachigen Besuchern auf Bitte kostenfreien Zutritt (www.camposanto.va, tgl. 9–12 Uhr). › mehr S. 18 Punkt 41

PAPSTAUDIENZEN UND -MESSEN

- Für **Papstaudienzen oder -messen** werden Gratistickets ausgegeben; Anmeldung mind. 14 Tage vorher bei der Päpstlichen Präfektur (Preffetura della Casa

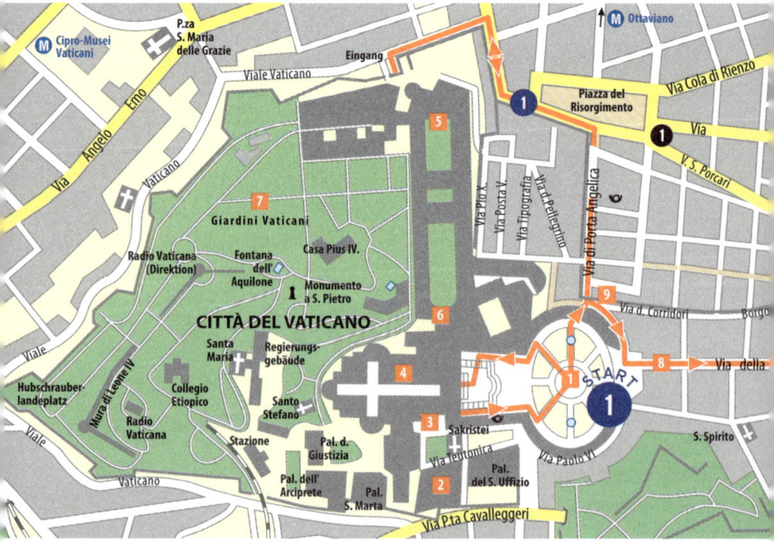

Pontificia), per Fax 06 69 58 63 (Formular zum Download unter www.vatican.va) oder online (ab etwa 100 Tage vorher) beim Deutschen Pilgerzentrum > **unten.** Generalaudienzen i. d. R. Mi 10 Uhr.

- **Achtung:** Am Eingang zum Petersdom und zu den Museen gibt es strenge Sicherheitskontrollen. Für den Besuch wird auch angemessene (d. h. knie- und schulterbedeckende) Kleidung verlangt.

WICHTIGE ADRESSEN

Pilger- und Touristenamt (Ufficio pellegrini e turisti) A/B6

- Petersplatz, linke Seite | 00120 Vatikan Tel. 06 69 88 23 50 www.vaticanstate.va

Deutsches Pilgerzentrum B6

- Via del Banco di S. Spirito 56 Centro Storico | Tel. 066 89 71 97 www.pilgerzentrum.net Mo–Mi 9–12, 13–17, Do–Sa 9–12 Uhr

PETERSKIRCHE 4 1 A6

Die Basilica di San Pietro steht auf den Rudimenten der Kirche Alt-Sankt-Peter. Diese wurde zu Zeiten Kaiser Konstantins über einem christlichen Märtyrergrab errichtet, in dem man auch das Grab des Apostels Petrus vermutet.

Das heutige Bauwerk entstand nach Entwürfen von Bramante sowie Antonio und Giuliano da Sangallo ab 1506 unter der Ägide des »Baupapstes« Julius II. Mit Raffael, Michelangelo u. a. wurden die berühmtesten Künstler der Hochrenaissance für die Gestaltung des neuen Gotteshauses verpflichtet. Die Peterskirche bezieht sich architektonisch auf zwei berühmte antike Vorbilder: das Pantheon und die Maxentius-Basilika. Von der **Benediktionsloggia** über der fünfportaligen Fassade spendete der

TOUR IM VATIKAN

TOUR 1

DURCH DIE VATIKANSTADT

1 Petersplatz
2 Audienzhalle Paolo VI.
3 Campo Santo Teutonico
4 Peterskirche
5 Vatikanische Museen
6 Sixtinische Kapelle
7 Vatikanische Gärten
8 Via della Conciliazione
9 Passetto
10 Engelsburg
11 Engelsbrücke

Beinahe lebensgroß und aus schimmerndem Marmor ist Michelangelos Pietà

Papst früher den Segen *Urbi et orbi;* heute geschieht dies meist auf dem Petersplatz. Nach dem Passieren der Schweizergarde, die im Blitzlichtgewitter der Touristen ungerührt ausharrt, folgen in der Säulenvorhalle die Reiterdenkmäler von Kaiser Konstantin und Karl dem Großen. Unter den fünf Eingangsportalen sind das linke, von Giacomo Manzù in den 1950er-Jahren geschaffene **Portal des Todes** Ⓐ sowie das rechte, die **Porta Santa** Ⓑ, hervorzuheben. Diese Bronzetür wird nur während eines Heiligen Jahres oder Jubeljahres geöffnet. (April–Sept. tgl. 7–19, sonst bis 18.30 Uhr)

INNENRAUM

Vor dem Eintreten durch das mit den **Bronzeflügeln** Antonio Filaretes verzierte **Hauptportal** Ⓒ lohnt ein Blick zurück: Giottos **Navicella,** die Mosaikdarstellung des Sturmes auf dem See Genezareth (Ende 13. Jh.), stammt aus Alt Sankt-Peter. Zur Rechten steht ein Jugendwerk Michelangelos, das den Aufstieg des toskanischen Künstlers in den Musenolymp beschleunigte, seine berührende **Pietà** Ⓓ. Im Innenraum dominieren prächtige Papstgrabmäler: Stets blumengeschmückt ist das **Grab des Reformpapstes Johannes XXIII.** Ⓔ (1958–1963). Das **Grabmal Papst Clemens' XIII.** Ⓕ (1784–1792) von Antonio Canova mit dem berühmten sitzenden Todesengel sowie das 1642–1647 entstandene **Grabmal des Bienenpapstes Urban VIII.** Ⓖ (1623 bis 1644) und das **Grabmal Papst Alexanders VII.** Ⓗ (1672–1678), beide aus der Werkstatt Berninis, sind hervorzuheben.

Die meisten Besucher zieht es magisch zur **Bronzestatue des hl. Petrus** Ⓘ. Der vorgestreckte rechte Fuß des Apostels zollt der 700-jährigen Verehrung Tribut: Berührungen von Millionen Pilgern haben zu kräftigem Abrieb geführt.

Das religiöse Zentrum St. Peters ist mit dem **Vierungsaltar** Ⓙ (Papstaltar) und Berninis **Baldachin** (1624–1633) unter Michelangelos Hauptkuppel erreicht. Die Bronze der gewundenen Baldachinsäulen stammt aus dem Pantheon › S. 87. Der Baldachin bekrönt den Altar, der sich über der Confessio mit dem **Petrusgrab** erhebt. In der Vierungskuppel steht auf Latein das Bibelzitat (Matt. 16,18): »Du bist Petrus und auf diesen Felsen werde ich meine Kirche bauen. Dir werde ich die Schlüssel des Himmelreiches geben.« Mit diesen Worten soll Jesus Petrus als ersten Apostel eingesetzt haben. Aus ihnen leiten die Päpste ihren Führungsanspruch als Nachfolger Petri ab.

Die 5 m hohen Statuen in den Nischen der rund um den Hauptaltar gruppierten Vierungspfeiler stellen die Heiligen Veronika mit dem Schweißtuch, Helena mit dem Kreuz Christi, Longinus mit der Lanze und Andreas mit dem Kreuz dar. Sie verweisen auf die entsprechenden Reliquien, die in den Pfeilern aufbewahrt werden.

PETERSSCHATZ K

Der Zugang in das Museo del Tesoro della Basilica di S. Pietro, die Schatzkammer von St. Peter, erfolgt über die **Sakristei**. In neun Sälen sind großartige Objekte aus vielen Jahrhunderten ausgestellt. Neben wertvollen Kruzifixen sieht man auch den **Bronzehahn**, der den Campanile von Alt-Sankt-Peter schmückte. Fälschlich der Krönungszeremonie Karls des Großen zugeschrieben wird die **Dalmatica**, ein kostbares liturgisches Gewand, das tatsächlich erst viel später entstand (April bis Sept. tgl. 8–19, sonst 8–18.15 Uhr).

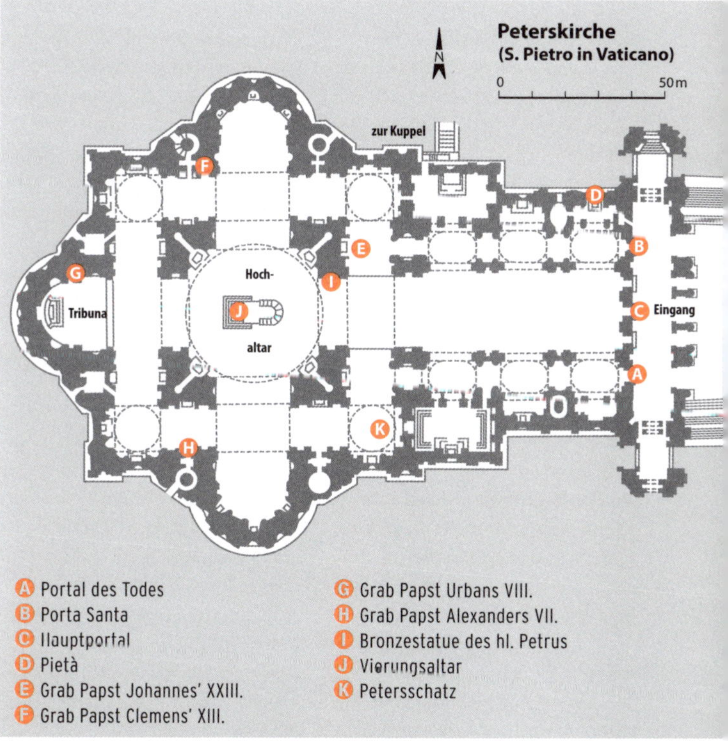

- A Portal des Todes
- B Porta Santa
- C Hauptportal
- D Pietà
- E Grab Papst Johannes' XXIII.
- F Grab Papst Clemens' XIII.
- G Grab Papst Urbans VIII.
- H Grab Papst Alexanders VII.
- I Bronzestatue des hl. Petrus
- J Vierungsaltar
- K Petersschatz

Die Vatikanischen Museen beherbergen unzählige Kunstschätze

GROTTEN DES VATIKANS

Der Zugang zu den Grotten und Papstgräbern liegt außerhalb der Kirche, rechts von der Vorhalle, neben dem Eingang zur Kuppel. Die dem Petrusgrab am nächsten gelegene **Cappella di San Pietro** erregt besondere Aufmerksamkeit. Hinter dem vergoldeten Gitter sieht man die Marmorwand mit Porphyreinfassung, die die Rückseite des Petrusgrabes bildet. Hier sind u. a. die Päpste Paul VI., Johannes Paul I. und Johannes Paul II. beigesetzt (Grotten und Papstgräber tgl. 8–17.30 Uhr).

Grabungen (1940–1957) brachten die **Necropoli precostantiniana** (vorkonstantinische Begräbnisstätte) mit dem vermutlichen Grab des Petrus ans Tageslicht. Sechs der freigelegten Räume sind auch während des normalen Rundgangs zu sehen. Am Ausgang der Grotten, deren Ausmaße eine veritable Unterkirche ergeben, steht eine weitere Petrusstatue, die einst den Portikus von Alt-Sankt-Peter zierte. Die Sitzfigur war ursprünglich einem römischen Rhetor oder Philosophen gewidmet, Hände und Kopf wurden später ausgetauscht (Mo–Sa 9 bis 15.30 Uhr nach Anmeldung beim Ufficio Scavi, Tel. 06 69 88 53 18, scavi@fsp.va, 13 €).

KUPPEL

Rechts von der Vorhalle befindet sich der Einlass zur Kuppel. Giacomo Della Porta und Domenico Fontana vollendeten 1590 Michelangelos Meisterwerk mit der mächtigen Wölbung. Der Durchmesser der Kuppel beträgt 42 m. Damit ist sie geringfügig kleiner als die des Pantheons. Die atemberaubende Aussicht von der 128 m hohen Kuppellaterne reicht bis zu den Albaner Bergen. Grandios ist auch der Blick von der Galerie im Tambour ins Innere der Basilika (April–Sept. tgl.

8–18, sonst bis 17 Uhr; Lift und Aufstieg über 320 Stufen 8 €, ohne Lift über 551 Stufen 6 €). > mehr S. 16 Punkt 28

VATIKANISCHE MUSEEN 5 ★ A6

Die Vatikanischen Museen und Galerien zählen zu den bedeutendsten Kunstsammlungen weltweit.

Das **Museo Gregoriano Egizio** (Altägyptisches Museum) zeigt Funde aus Rom und Umgebung, aber auch eine Mumie und antike Papyri. Porträtbüsten aus der römischen Kaiserzeit begleiten den Besucher im **Museo Chiaramonti,** das in den neuen Flügel, den Braccio Nuovo (ebenfalls eine Antikensammlung), übergeht. Im **Museo Pio Clementino** lockt im Cortile, der Keimzelle der Vatikanischen Museen, der Apoll von Belvedere. Hier steht auch die berühmte Laokoon-Gruppe. Der verzweifelte Kampf des Apollonpriesters und seiner Söhne mit den zwei Schlangen, die ihnen die Göttin Athene sandte, symbolisiert den Untergang Trojas. Laokoon hatte versucht, die Trojaner vor dem hölzernen Pferd der Griechen zu warnen – vergeblich. Das Werk war in der Zeit seiner Auffindung so berühmt, dass es der französische König Franz I. als Kriegsbeute verlangte. Es kam erst im 19. Jh. nach Rom zurück.

Im **Etruskischen Museum** lohnen wunderbar feine Goldarbeiten aus dem Grab Tomba Regolini-Galassi. Die **Galerie der geografischen Karten** führt dann zu den berühmten **Stanzen Raffaels.** Unter Papst Nikolaus V. erbaut, ließ Julius II. die zum Teil bereits freskengeschmückten Zimmer ab 1508 umgestalten und beauftragte Raffael mit der Ausmalung. Der noch junge Maler aus Urbino widmete sich zwischen 1509 und 1517 den päpstlichen Gemächern, 1520 starb

VATIKANISCHE MUSEEN

- Einblick in alte Bestattungsbräuche: Eine **Mumie aus Theben** (1000 v. Chr.) in einem bemalten Holzsarkophag zeigt das Altägyptische Museum. > S. 69
- Die **Schule von Athen** in den Stanzen Raffaels zählt zu den Meisterwerken des umbrischen Renaissancemalers, der hier Bramantes Neubau der Peterskirche zitiert und sich im Hintergrund selbst porträtiert. > S. 69
- Caravaggio wählte für seine **Kreuzabnahme** (1600–1604), zu bewundern in der Pinakothek, einen ungewöhnlich realistischen Bildausschnitt. > S. 70
- Die große **Goldfibel** (Mitte 7. Jh. v. Chr.) aus der Tomba Regolini-Galassi in Cerveteri, die im Etruskischen Museum ausgestellt ist, zeugt von einer reichen, längst vergangenen Kultur. > S. 69
- Michelangelos Geniestreich ist die **Erschaffung Adams** in der Sixtinischen Kapelle: Gott erweckt den ersten Menschen durch eine Berührung mit dem Finger zum Leben. > S. 70

Die berühmte Laokoon-Gruppe

er im Alter von 37 Jahren. Die Sala di Costantino geht noch auf den Meister zurück, wurde aber von zwei seiner Schüler ausgemalt. Zu den bekanntesten Werken Raffaels und seiner Mitarbeiter zählen in der Stanza della Segnatura die Fresken »Schule von Athen« und »Disput des Sakraments«. Davor passiert man die Stanza di Eliodoro, danach die Stanza dell'Incendio del Borgo.

In 55 Sälen wird seit 1973 die 800 Werke umfassende **Sammlung moderner religiöser Kunst** präsentiert. Man gelangt über die Kapelle Papst Urbans VIII. und die **Borghia-Gemächer,** die Pinturicchio 1492 bis 1495 ausmalte, hierher. Nach der **Apostolischen Bibliothek,** dem **Museo Pio Cristiano** (Funde aus den Katakomben) und dem **Museo Gregoriano Profano** (Kopien der Bronzegruppe Athene und Marsyas, Original 5. Jh. v. Chr.) folgt die **Pinakothek** mit Werken Giottos, Fra Angelicos, Filippo Lippis und Gentile da Fabrianos; Raffaels Meisterwerke, die »Krönung der Jungfrau«, die »Madonna di Foligno« und die »Verklärung Christi«, konkurrieren mit Leonardo da Vincis »Hl. Hieronymus«. Die »Kreuzabnahme« von Caravaggio ist in Saal XII zu sehen. Das **Missions-Ethnologische Museum** zeigt Objekte aus dem außereuropäischen Raum sowie Präsente aus aller Welt an Papst Johannes Paul II.

SIXTINISCHE KAPELLE 6 ★ 2 A6

Höhepunkt eines Besuchs der Vatikanischen Museen ist die Sixtinische Kapelle, in der sich die Kardinäle zum Konklave, der Papstwahl, einfinden. Michelangelos Deckenmalereien sind das Meisterwerk der Renaissancekunst: Nicht Düsternis, sondern kräftige Farbtöne waren typisch für das toskanische Genie. Dargestellt sind Szenen aus der Schöpfungsgeschichte. Beeindruckend ist auch Michelangelos berühmtes Spätwerk, das Jüngste Gericht (1536–1541) an der Altarwand, das über 30 Jahre nach der Vollendung der Deckengemälde entstand.

VATIKANISCHE GÄRTEN 7 ★ A6

Die Gärten mit dem Palazzo del Governatorato, Studio del Mosaico und der Päpstlichen Akademie sind nicht frei zugänglich. Eindrucksvoll ist die elegante **Casina Pius IV.** (1558–1561) von Pirro Ligorio und Giovanni Peruzzi (mit Führung oder Rundfahrt).

INFOS

Musei Vaticani
Viale Vaticano | 00120 Vatikan
Tel. 066 88 49 47
www.museivaticani.va

Mo–Sa 9–18 Uhr, Einlass bis 16 Uhr, So/Fei geschl., 17 €. Am letzten So im Monat sind die Museen von 9–14 Uhr bei freiem Eintritt geöffnet (Einlass bis 12.30 Uhr). Gegen eine Vorverkaufsgebühr von 4 € kann man online Tickets reservieren. Das erspart das lange Schlangestehen an der Kasse.

Führungen durch die Vatikanischen Museen (Mo–Sa, 2 Std., 33 €) und Gärten (Mo, Di, Do–Sa, 2 Std., 33 €) sowie Rundfahrten durch die Gärten im Cabriobus mit Audioguide (Mo–Sa 8.15–12.45 Uhr, 45 Min., 37 €) rechtzeitig online buchen (ab 60 Tage vorher). Nur mit Onlinebuchung: Führungen durch die Vatikanischen Museen und Gärten mit Bahnausflug vom Vatikan nach Castel Gandolfo, dort Führung durch Barberini-Garten und Besuch des Papstpalastes mit Audioguide (Sa 8–19 Uhr, 68 €).

ZWISCHENSTOPP: RESTAURANT

La Soffitta Renovatio 1 €–€€ A6
Gemütliches Restaurant mit ausgezeichneter Pizza – auch glutenfrei.

- Piazza Risorgimento 46/A
  Prati | Tel. 06 68 89 29 77
  www.lasoffittarenovatio.it

VIA DELLA CONCILIAZIONE 8 B6

Seit 1936 durchschneidet die Straße das Gassengewirr des Borgo-Viertels als Sinnbild für die Verbindung zwischen Italien und dem Vatikan. Parallel zur Via della Conciliazione verlaufen die Via dei Corridori bzw. der Borgo Sant'Angelo, deren Existenz dem 1227 errichteten **Passetto** 9 zu verdanken ist, dem Fluchtweg vom Vatikan in die Engelsburg. Der

Auf der autofreien Engelsbrücke flaniert man zur Engelsburg

Karte S. 64

1277 von Papst Nikolaus III. angelegte Gang befindet sich im Innern einer 800 m langen Mauer. › mehr S. 17 Punkt 33

ENGELSBURG 10 ★ B6

Die Engelsburg (Castel Sant'Angelo) war ursprünglich ein Mausoleum, das Kaiser Hadrian für sich und seine Familie errichten ließ. Ihren Namen erhielt sie 590 n. Chr., als Papst Gregor während einer Pestepidemie auf der Spitze dieser militärischen Außenbastion Roms ein Engel erschien und das Ende der Seuche ankündigte. Die Pest verschwand, und das einstige Mausoleum diente seither als päpstliche Festung, Gefängnis und Kaserne. Seit 1906 beherbergt die Engelsburg das **Museo Nazionale di Castel Sant'Angelo** mit Exponaten zur Geschichte des Bauwerks. Das Gebäude verbindet den archaisch-etruskischen Baustil (die runden Grabhügel Nordlatiums und der Toskana) mit hellenistischen Elementen. Die spiralförmige Rampe führt zu den päpstlichen Gemächern mit Fresken von Perin del Vaga und zur Waffensammlung. Vom Dach bietet sich ein schöner Ausblick. Während der Estate Romana › S. 58 sind die Wallanlagen Schauplatz von Musik-, Sport- und Theaterevents sowie Büchermärkten (www.castelsantangelo.com, tgl. 9–19.30 Uhr, 14 €). › mehr S. 12 Punkt 6

GRATIS ENTDECKEN

- Wie der Petersdom sind die meisten **Kirchen Roms** trotz ihrer Schätze frei zugänglich.
- Die Schweizergarde gewährt deutschsprachigen Reisenden den Gratiszugang zum Friedhof **Campo Santo Teutonico** direkt am Petersplatz. › S. 65
- Jeden letzten So im Monat ist der Eintritt in die **Vatikanischen Museen** frei. › S. 69
- Die **Bocca della Verità** in der Vorhalle der Kirche Santa Maria in Cosmedin ist ein Lügendetektor, der nur Mut kostet. › S. 88
- Die **Wachablösung der Ehrengarde** ist ebenso gebührenfrei anzusehen wie die Kulisse des **Palazzo del Quirinale,** der Sitz des Staatspräsidenten. › S. 102

ENGELSBRÜCKE 11 ★ B6

Roms schönste Tiberbrücke, der Ponte Sant'Angelo, geht auf Kaiser Hadrian zurück, der den damaligen Pons Aelius 133/134 n. Chr. als Zugang zur Engelsburg errichten ließ. Die Statuen der hll. Petrus und Paulus, Werke Lorenzettos und Paolo Taccones, ließ Clemens VII. 1534 aufstellen. Nach den Ideen Berninis schufen seine Schüler jene dekorativen Engelsstatuen, die die Brücke zum Vorbild barocker Brückenbaukunst in Europa machten.

ZWISCHENSTOPP: RESTAURANT

Il Simposio 2 €€ C6

Weinbar und Gourmetlokal. So geschl.

- Piazza Cavour 16 | Prati
  Tel. 063 24 14 89
  http://ilsimposioroma.it

CENTRO STORICO

Im Centro Storico sind nicht nur historische Gebäude zu bewundern

Antike Ruinen auf dem Forum Romanum, barocke Kirchen und Paläste rund um die Piazza Navona künden von einstiger Größe und Lebensfreude. Entlang des Tiber finden sich zudem Spuren der langen jüdischen Geschichte.

Die Cäsaren des antiken Rom residierten auf dem Palatin und regierten auf dem Kapitol. Dazwischen erstreckten sich das Forum Romanum und die Kaiserforen, die gesellschaftlichen und wirtschaftlichen Zentren des Staates. Im Kolosseum wurde das Volk unterhalten. Noch heute vermitteln die Ruinen einen guten Eindruck von Glanz und Größe der Hauptstadt des einstigen römischen Weltreichs.

Zauberhafte Kulisse der Fontana di Trevi

Die tiefer liegenden Gebiete nördlich bis zur Piazza del Popolo, zwischen Tiber im Westen und Pincio sowie Quirinale im Osten dienten in der Antike als Marsfeld und entwickelten sich erst nach der päpstlichen Machtkonsolidierung im Spätmittelalter zum Stadtkern. In der Altstadt um die ovale Piazza Navona markieren Kirchen und Paläste römischer Adeliger und Kardinäle den Bauboom der Renaissance und des Barock.

Südlich vom Corso Vittorio Emanuele II., der das Altstadtviertel im Tiberknie seit dem 19. Jh. durchschneidet, befinden sich die Piazza Bocca della Verità, der älteste Handelsplatz Roms, die Tiberinsel, das alte jüdische Ghetto, der Marktplatz Campo de' Fiori und die Via Giulia, die mondänste Straße des 16. Jhs.

Eine moderne Einkaufsmeile ist die schnurgerade Via del Corso, die Verkehrsachse vom Nationaldenkmal auf dem Monte Capitolino bis zur Piazza Popolo im Norden unterhalb des Monte Pincio. In den umliegenden Straßen locken Galerien, Antiquitätenläden und Boutiquen – vor allem in der Via Condotti und an der Spanischen Treppe. Ganz in der Nähe plätschert die Fontana di Trevi, der opulente Brunnen, der bei großem Besucherandrang durch Gitter abgesperrt wird.

TOUREN IM CENTRO STORICO

TOUR 2

DURCH DAS ANTIKE ROM

VERLAUF: Piazza Venezia > Piazza del Campidoglio > Forum Romanum > Kolosseum > Kaiserforen > Piazza Venezia

KARTE: Seite 76
DAUER: 4–5 Std.
PRAKTISCHE HINWEISE:

- Zur Piazza Venezia verkehren viele Busse (z. B. 30, 40, 62, 64, 70, 81, 492) und Straßenbahn 8; zum Kolosseum fahren Straßenbahn 3 und Ⓜ Linie B.
- Für Forum Romanum, Palatin und Kolosseum ist der Kauf eines zwei Tage gültigen Kombitickets (12 €) obligatorisch.
- Die meisten Tickets kann man auch online bestellen (Vorverkaufsgebühr 1–2 €) und damit lange Warteschlangen umgehen.

TOUR-START: PIAZZA VENEZIA D7

Über Roms Verkehrsknotenpunkt thront das 1885–1911 erbaute **Monumento Nazionale a Vittorio Emanuele II** 1 mit dem Grabmal des Unbekannten Soldaten und dem »Altar des Vaterlands«. Spötter bezeichnen das Vittoriano genannte neoklassizistische Nationaldenkmal auch als »Schreibmaschine« oder »Gebiss«. Einen tollen Blick genießt man von der Aussichtsplattform mit der mächtigen Quadriga. Hinauf fahren zwei Glaslifte (Piazza Venezia, April–Sept. tgl. 9–17.30, sonst 9.30–16.30 Uhr, Aussichtsplattform tgl. 9.30–19.30 Uhr, 7 €).

Der **Palazzo Venezia** 2, ein Frührenaissancebau (1452–1491) wie eine Festung, beherbergt ein **Museum,** das in 58 Sälen wertvolle Preziosen präsentiert. Lohnend ist der Besuch der Sala del Mappamondo mit perspektivischen Zeichnungen von Andrea Mantegna. In den Palast integriert ist die **Basilica San Marco** mit Mosaiken aus dem 9. Jh. und einer bemerkenswerten Kassettendecke (Via del Plebiscito 118, Tel. 063 28 10, http://gebart.it, Di–So 8.30–19.30, 11 €, Vorbestellung obligatorisch).

PIAZZA DEL CAMPIDOGLIO 3 ★ D7

Michelangelos berühmte Treppenanlage, die **Cordonata,** führt auf die 1536 ebenfalls von ihm entworfene Piazza del Campidoglio, den Kapitolsplatz. Roms Bürgermeister residiert im **Senatorenpalast,** vor dessen Aufgang der **Minerva-Brunnen** plätschert.

Aufmerksamkeit erregt das bronzene **Reiterstandbild des Kaisers Mark Aurel** (161–180 n. Chr.). Es handelt sich um ein Kopie, während das Original, vor Smog geschützt, in den Kapitolinischen Museen steht.

Auf den Fundamenten des antiken Tempels der Juno erhebt sich das Gotteshaus **Santa Maria in Aracoeli** 4. Sein Portal wird über die steilen 124 Stufen der Freitreppe erreicht (Mai–Sept. tgl. 9–18.30, sonst tgl. 9.30–17.30 Uhr).

Weniger anstrengend ist der Zugang zur Kirche über den Kapitolsplatz: Links führen Treppenanlagen zu einem Seiteneingang, vorbei am Neuen Museumspalast (Palazzo Nuovo). Kaiser Augustus ließ hier nach einer Weissagung einen Himmelsaltar (Ara coeli) errichten. Die Überreste davon erkennt man durch einen Spalt am Grab der hl. Helena, der Mutter Kaiser Konstantins (Querschiff, Cappella di Santa Elena).

Die Kirche ist für ihr Santo Bambino berühmt: Der Skulptur des Christuskinds aus dem 15. Jh. sagt man Wundertätigkeit nach.

KAPITOLINISCHE MUSEEN ★

Auf der Südkuppe des Kapitols erhob sich einst der Tempel des Jupiter Capitolinus, der mächtigsten römischen Gottheit. Heute ruht auf seinen Rudimenten der **Konservatorenpalast** 5 (Palazzo dei Conservatori), Teil der Kapitolinischen Museen. Sie bestehen seit 1734 (unter Papst Clemens XII.) und waren die ersten öffentlich zugänglichen Kunstsammlungen der Welt.

Im Konservatorenpalast faszinieren bereits im Innenhof die Reste der einst 12 m hohen Kolossalstatue

Kaiser Konstantins. Innen ist neben der Statue des Dornausziehers in der Sala dei Trionfi das Markenzeichen Roms, die Kapitolinische Wölfin mit den Zwillingen Romulus und Remus, in der Sala della Lupa sehenswert. Hauptattraktion ist das Originalstandbild Mark Aurels, das in einem eigens geschaffenen, mit Glas gedeckten Lichthof steht.

Im ersten Stock des **Palazzo Nuovo** gegenüber, um 1650 nach dem Vorbild des Konservatorenpalastes errichtet, lohnen die Statue des Sterbenden Galliers in der Sala del Galata Morente und das Sosus-Mosaik mit den vier Tauben einen Blick. Weitere erstrangige antike Kunstobjekte schließen sich im Braccio Nuovo und Museo Nuovo an, während die **Pinakothek** im zweiten Stock Werke von Tizian, Rubens, van Dyck, Velázquez und Caravaggio präsentiert. Palazzo dei Conservatori und Palazzo Nuovo sind durch einen unterirdischen Gang verbunden. Dieser führt auch zum **Tabularium,** dem antiken Staatsarchiv unterhalb des Palazzo Senatorio, das einen großartigen Blick auf das Forum Romanum bietet.

Im Hof der Kapitolinischen Museen

TOUREN IM CENTRO STORICO

TOUR 2

DURCH DAS ANTIKE ROM

1. Monumento a Vittorio Emanuele II.
2. Palazzo Venezia
3. Piazza del Campidoglio
4. Santa Maria in Aracoeli
5. Konservatorenpalast
6. San Giuseppe dei Falegnami
7. Forum Romanum
8. Palatin
9. Konstantinsbogen
10. Kolosseum
11. Forum Julius Cäsars
12. Forum des Augustus
13. Trajansforum

Im **Palazzo Caffarelli** auf dem höchsten Punkt des Campidoglio werden wechselnde Ausstellungen gezeigt. Bei einem Cappuccino genießt man vom dortigen Café eine schöne Aussicht über Rom (auch ohne Museumsticket zugänglich). Besonders romantisch ist die wunderbare **Dachterrasse** (Piazza del Campidoglio 1, Tel. 06 06 08, www.museicapitolini.org, tgl. 9.30–19.30, 11,50 € ohne Sonderausstellung).

Karte S. 76

SAN GIUSEPPE DEI FALEGNAMI 6 D7

Am Ende des Clivo Argentario erhebt sich die dem hl. Joseph und der Zimmermannszunft geweihte Kirche (um 1600) mit dem **Mamertinischen Kerker** (Carcere Mamertino, auch Carcer Tullianum). In den Verliesen des römischen Staatsgefängnisses erinnert die Kapelle San Pietro in Carcere daran, dass hier der Legende nach auch Petrus schmachtete. Er konnte fliehen, weil er die Kerkermeister zum Christentum bekehrte. Mit multimedialer Hilfe veranschaulicht das Museo Carcer Tullianum das Schicksal der Gefangenen, deren Leichen in der Cloaca maxima unter den Kerkern verschwanden (Clivo Argentario 1, Kirche bei Trauungen offen, Kerker/Museum tgl. 8.30–16.30 Uhr, nur mit Reservierung, Tel. 06 69 92 46 52, http://tullianum.org, 10 €).

FORUM ROMANUM 7 3 D7

Von der Kirche S. Giuseppe dei Falegnami führen der Clivo Argentario und die Via di S. Pietro in Carcere zum Forumseingang an der Via dei Fori Imperiali.

Die zwischen Viminal und Quirinal, Palatin und Kapitol gelegene sumpfige Talsenke bildete nach dem Bau der Cloaca maxima Herz und Zentrum des Römischen Weltreichs (Largo della Salara Vecchia 5/6, http://colosseo.beniculturali.it, April bis Sept. tgl. 8.30–19, Okt. bis 18.30, Nov.–Mitte Febr. bis 16.30, Mitte

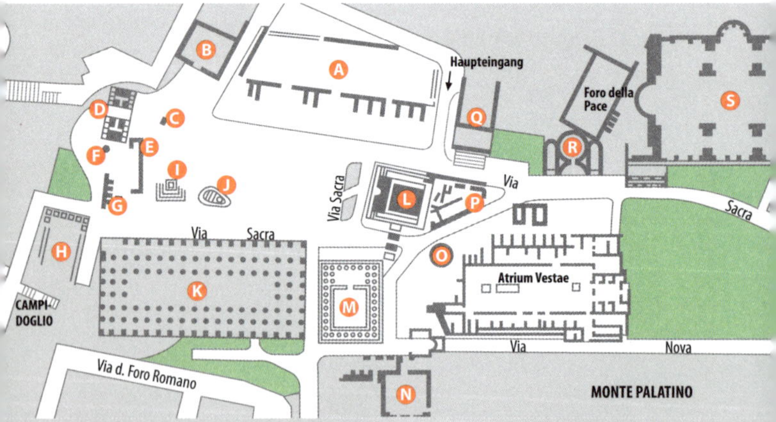

- A Basilica Aemilia
- B Kurie
- C Lapis Niger
- D Triumphbogen des Septimius Severus
- E Rostra
- F Umbilicus Urbis
- G Miliarium aureum
- H Saturntempel
- I Phokas-Säule
- J Lacus Curtius
- K Basilica Julia
- L Tempel des Julius Cäsar
- M Tempel der Dioskuren
- N Santa Maria Antiqua
- O Rundtempel der Vestalinnen
- P Regia
- Q Tempel des Antoninus Pius und der Faustina

Febr.–März bis 17 Uhr; obligatorisches Kombiticket mit Palatin und Kolosseum 12 €, Vorverkauf Tel. 06 39 96 77 00, www.coopculture.it, dt. Audioguide 5 €).

DER ZENTRALE PLATZ

Vom Haupteingang führt die Via Sacra nach rechts zum zentralen Forumsplatz. An seiner Nordseite erheben sich die vierschiffige **Basilica Aemilia** Ⓐ, die ab dem Jahr 179 v. Chr. als Ladenpassage und Bankgebäude diente, und die **Kurie** (Curia) Ⓑ, die Sitz des antiken römischen Senats war. Die Ruinen des Baus gehen auf Kaiser Diokletian (um 300 n. Chr.) zurück, doch war der Platz schon in der Frühzeit Versammlungsort. Seit dem 7. Jh. als Kirche genutzt, wurde die Kurie Anfang des 20. Jhs. säkularisiert. Fünf Reihen Sessel auf den flachen Stufen im Inneren boten Platz für die mindestens 300 Senatoren. Der **Lapis Niger** Ⓒ ist das älteste Denkmal des Forums. Unter dem schwarzen Stein soll Stadtgründer Romulus begraben sein.

Die vier Reliefs am **Triumphbogen des Septimius Severus** Ⓓ stellen die Orientfeldzüge des Kaisers und seiner Söhne dar. Caracalla ließ nach dem Mord an seinem Bruder Gaeta Lobeshymnen auf sich einmeißeln. Auf der Rednertribüne, der berühmten **Rostra** Ⓔ, wurden Redewettbewerbe ausgetragen, Testamente und Dokumente verlesen.

Da sprichwörtlich alle Wege in die Ewige Stadt führen, freut es Besucher, am **Umbilicus Urbis** Ⓕ (ein Steinkegel) das Zentrum des Römischen Weltreiches erreicht zu haben. Der goldene Meilenstein, das **Miliarium aureum** Ⓖ, ein einst mit Bronze verkleideter marmorner Zylinderblock, zeigte die Entfernung zu den wichtigsten Städten des Imperiums. › mehr S. 16 Punkt 25

Hinter den acht ionischen Säulen des **Saturntempels** (Tempio di Saturno) Ⓗ wurde der Staatsschatz gehortet. Ende Dezember fanden hier die Saturnalien statt, die als Vorläufer des Karnevals gelten. Die 14 m hohe **Phokas-Säule** Ⓘ, eine von sieben nach dem Untergang des Imperiums errichteten Ehrensäulen, ehrt den byzantinischen General Phokas, der 608 n. Chr. als Usurpator den Thron bestieg, dem Papst aber das Pantheon schenkte.

Karte S. 78

Relief am Titusbogen

Der **Lacus Curtius** J war als Verbindung zwischen Ober- und Unterwelt heilig. Früchte und Getreide, später auch Münzen, verschwanden in dieser wassergefüllten Bodensenke.

Die fünfschiffige **Basilica Julia** K an der Südseite des zentralen Platzes war mit ihren 101 m Länge und 49 m Breite großen Gerichtsprozessen vorbehalten. Ursprünglich 169 v. Chr. errichtet, ließ Cäsar sie 50 v. Chr. umbauen. An der Schmalseite errichtete man den **Tempel des Julius Cäsar** L, dort wurde die Leiche Cäsars verbrannt.

AUS TEMPELN WERDEN KIRCHEN

Man verlässt den Forumplatz bei dem im 5. Jh. erbauten **Tempel der Dioskuren** (Tempio di Castore e Polluce) M. Aus dem der Wassernymphe Juturna geweihten Lacus Juturnae sprudelte einst Quellwasser. Über den antiken Vicus Tuscus gelangt man zur Kirche **Santa Maria Antiqua** N, die als das älteste christliche Gebäude auf dem Forum gilt. 365 n. Chr. errichtet, symbolisiert sie den Triumph des Christentums an heidnischer Stätte.

Im **Rundtempel der Vestalinnen** (Tempio di Vesta) O brannte das heilige Feuer. Hier führte die Gattin des keineswegs zölibatär lebenden Pontifex maximus, die Regina sacrorum, das Regiment über die Priesterinnen der Göttin Vesta. Erlosch das Feuer, mussten die Frauen mit dem Tode rechnen. Die Vestalinnen lebten im angrenzenden Haus der Vestalinnen, dem Atrium Vestae (von der Via Nova aus zu betrachten). Verloren sie ihre Jungfräulichkeit, wurden sie bei lebendigem Leib begraben; hatten sie jedoch 30 Dienstjahre unbescholten absolviert, überschütteten Volk und Senat sie mit Ehrungen.

Die **Regia** P erinnert an die hier residierenden Könige, Cäsar bewohnte sie als oberster Priester. Diese Bezeichnung ging später auf den Papst über. Zehn Säulen und ein Architrav sind vom **Tempel des Antoninus Pius und der Faustina** Q geblieben, in den im 7. bis 8. Jh. die Kirche San Lorenzo in Miranda eingebaut wurde. Der **Tempel des Romulus** R entstand 309 n. Chr. für den vergöttlichten Sohn des Kaisers Maxentius. Er ist Teil der Kirche Santi Cosma e Damiano, die oberhalb der Bibliothek des Friedensforums Vespasians steht.

Die **Maxentius-Basilika** S ist noch zu einem Drittel erhalten. Kaiser Konstantin siedelte hier nach der Schlacht an der Milvischen Brücke exklusive Geschäfte an. In dem 36 m hohen Gewölbe stand die Kolossalstatue des Kaisers (Reste im Konservatorenpalast › S. 76). Die Päpste nutzten den Bau als Steinbruch. In **Santa Francesca Romana** T, früher Santa Maria Nova, überragt eine Darstellung der Gottesmutter mit Kind aus dem 5. Jh. andere frühchristliche Arbeiten.

Der letzte große Komplex des Forums ist der **Doppeltempel der Venus und Roma** U. Natürlich gab es auf dem Forum Romanum auch Tavernen und Bordelle, deren Grundmauern an der Via Sacra entdeckt wurden.

Der **Titusbogen** (Arco di Tito) V ist der älteste erhaltene Triumphbogen Roms, errichtet von Titus Nachfolger Domitian nach der Eroberung Jerusalems. Im Beutezug gut erkennbar ist der siebenarmige Leuchter aus dem Tempel Salomons. › mehr S. 17 Punkt 32

PALATIN 8 ★ D8

Der Clivo Palatino führt auf den Palatin. Mit Beginn der Kaiserzeit verlagerte sich das Machtzentrum des Reiches hierher. Der Name des römischen Kaiserhügels lebt in den Begriffen »Palast« und »Pfalz« fort.

Von der **Aussichtsterrasse** der hier im 16. Jh. angelegten Farnesischen Gärten, der ältesten botanischen Anlage der Stadt, bietet sich ein schöner Blick über die Ruinen der einst so prächtigen Paläste.

Kaiser Augustus wurde auf dem Palatin geboren. Als Herrscher lebte und hielt er Hof in dem mit Wandmalereien verzierten **Haus des Augustus**. Seiner politisch versierten Gattin gehörte wohl das Haus der Livia weiter nördlich (beide nur mit Ticket S.U.P.E.R. April–Okt. Mo, Mi, Fr 9–18.30, So 9–14 Nov.–März Mo, Mi, Fr 9–15.30, So 9–13 Uhr).

Vorbei an den Empfangs- und Repräsentationsräumen der **Domus Flavia** aus der Zeit Domitians gelangt man zum **Museum** (offen bis 1 Std. vor Schließung des Geländes) mit Funden der palatinischen Siedlung; hervorzuheben sind die Lampana-Reliefs. Ein großartiger **Belvedere** an den Südausläufern des Palatins öffnet den Blick auf den Circus Maximus und den Aventin. An der **Domus Augustana** und dem **Stadion des Domitian** vorbei führen Treppen zur Via di San Gregorio (Eingang über Forum oder Via di San Gregorio 30, http://colosseo.beniculturali.it; April–Sept. tgl. 8.30–19, Okt. bis 18.30, Nov. bis Mitte Febr. bis 16.30, Mitte Febr. bis März bis 17 Uhr, obligatorisches Kombiticket mit Forum und Kolosseum 12 €, mit Haus des Augustus und der Livia Ticket S.U.P.E.R. 18 €, Vorverkauf Tel. 06 39 96 77 00, www.coopculture.it, Audioguide dt. 5 €).

KONSTANTINSBOGEN 9 E8

Der Arco di Costantino wurde nach dem Sieg Kaiser Konstantins in der Schlacht an der Milvischen Brücke (Oktober 312) über Maxentius errichtet. Mit dem Rückgriff auf ältere Kaiserreliefs, die hier verbaut wur-

Karte S. 76

Die klassische Anlage eines römischen Theaters ist im Kolosseum gut zu erkennen

den, bezieht sich Konstantin auf die »guten alten Imperatoren« des 2. Jh. Das Bauwerk (312–315) ist der größte erhaltene Triumphbogen.

KOLOSSEUM 10 4 E8

In der ovalen Anlage des viergeschossigen Kolosseums (etwa 73–80 n. Chr.) fanden 50 000 Menschen Platz. Panem et circenses, Brot und Spiele, mussten die Cäsaren ihren Bürgern bieten, wollten sie ihre absolute Macht erhalten. In gehobenen Kreisen war es etwa ab dem 2. Jh. n. Chr. jedoch nicht mehr opportun, sich bei den blutrünstigen Tierhetzen und Gladiatorenkämpfen zu zeigen.

Nicht bewiesen sind Christenverfolgungen und Martyrien im Kolosseum, wie das im Inneren aufgestellte Kreuz glauben lassen möchte. Vermutlich fanden diese Massenhinrichtungen im Circus Maximus statt (Piazza del Colosseo, http://colosseo.beniculturali.it; April–Sept. tgl. 8.30–19, Okt. bis 18.30, Nov. bis Mitte Febr. bis 16.30, Mitte Febr. bis März bis 17 Uhr, obligatorisches Kombiticket mit Forum und Palatin 12 €, Vorverkauf Tel. 06 39 96 77 00, www.coopculture.it, dt. Audioguide 5,50 €, Videoguide 6 €).

ZWISCHENSTOPP: RESTAURANTS

Al Gladiatore ❶ €€ E8

Direkt am Kolosseum, moderate Preise.

- Piazza del Colosseo 5 | Celio
  Tel. 06 88 80 53 83
  www.algladiatore.it

Enoteca Cavour 313 ❷ € E7

Gute Adresse für einen kleinen Imbiss, riesige Auswahl interessanter Weine.

- Via Cavour 313 | Monti
  Tel. 066 78 54 96 | www.cavour313.it

KAISERFOREN ★ D7

An und teils leider auch unter der Via dei Fori Imperiali, von Mussolini als Verbindung zwischen Kolosseum und Palazzo Venezia erbaut, liegen die antiken Kaiserforen. Große Teile konnten freigelegt werden.

Das **Forum Julius Cäsars** 11 ist das älteste der Kaiserforen, die als Erweiterung des Forum Romanum erbaut wurden. Hier erinnern drei korinthische Säulen an den Tempel der Venus Genetrix. Es folgte das **Forum des Augustus** 12 mit dem Tempel des rächenden Gottes Mars (Mars Ultor), der mit Beutegeldern aus dem Rachefeldzug gegen die Mörder Cäsars finanziert wurde.

Das Zentrum des gewaltigen **Trajansforums** 13 bildete die fünfschiffige Basilica Ulpia. Die **Trajanssäule**, das eindrucksvollste Monument der Kaiserforen, wurde 113 n. Chr. errichtet. Die 40 m hohe Siegessäule erinnert an Kaiser Trajans Regentschaft (98–117 n. Chr.) und seine Erfolge in den Dakerkriegen. Das Außenrelief mit über 2500 Figuren zieht sich spiralförmig über 270 m aufwärts. Trajans Statue auf dem Monument wurde 1587 durch die des Apostels Petrus ersetzt.

Ein Teil des Quirinalhügels musste für die in der Antike wie ein Weltwunder gefeierten **Trajansmärkte** abgetragen werden. Wo über 100 Läden und Geschäfte ansässig waren, informiert nun das **Museo dei Fori Imperiali** über antike Architektur und die Geschichte der Kaiserforen (Via IV Novembre 94, Tel. 06 06 08, www.mercatiditraiano.it, tgl. 9.30 bis 19.30 Uhr, 15 €).

TOUR 3

RUND UM DIE PIAZZA NAVONA

VERLAUF: Piazza Navona > Palazzo Altemps > Piazza Santa Maria sopra Minerva > Pantheon

KARTE: Seite 84
DAUER: 2–3 Std.
PRAKTISCHE HINWEISE:

- Die Piazza Navona ist per Bus (40, 493, 628) zu erreichen, das Pantheon mit den Bussen 40, 62, 64, 492, 628 über den Largo Argentina.
- Das Museo di Roma und der Palazzo Altemps sind Mo geschl.

TOUR-START:
PIAZZA NAVONA 14 ★5 C6/7

Als einer der schönsten Plätze Roms zieht die Piazza Navona Flaneure magisch an. In der Platzmitte zeigt der **Vierströmebrunnen** (Fontana dei Fiumi, 1648–1651) die allegorischen Figuren von Donau, Ganges, Nil und Río de la Plata. Sie symbolisieren die vier damals bekannten Erdteile. Es hält sich die Legende, dass Baumeister Bernini die Figur des Río de la Plata schützend eine Hand gegen **Sant'Agnese in Agone** 15 erheben ließ, angeblich um sein Misstrauen gegenüber der Statik von Borrominis Barockkirche ausdrücken. Doch wie groß die Konkurrenz der Baumeister auch gewesen sein mag: Berninis Brunnen war vor Baubeginn der Kirche fertig ... Die beiden Brunnen am Süd- und Nordende der Piazza schuf Giacomo della Porta (1575/76).

Ein großartiger Blick auf die Piazza Navona bietet sich vom Obergeschoss des **Palazzo Braschi** 16, den Papst Pius VI. 1791 für seinen Neffen bauen ließ. Heute beherbergt er das **Museo di Roma,** das u.a. mit Gemälden, Fotos und Möbeln die Stadthistorie vom Mittelalter bis ins 20 Jh. veranschaulicht (www.museodiroma.it, Di–So 10–19 Uhr, 9,50 €).

Die Form des Platzes erinnert an das Stadion des Domitian, über dessen Resten er angelegt wurde. Von der Via di Tor Sanguigna sind die

TOUREN IM CENTRO STORICO

TOUR 3

RUND UM DIE PIAZZA NAVONA

14 Piazza Navona
15 Sant'Agnese in Agone
16 Palazzo Braschi
17 Piazza Pasquino
18 Santa Maria della Pace
19 Palazzo Altemps
20 Sant'Agostino
21 San Luigi dei Francesi
22 Sant'Ivo alla Sapienza
23 Piazza Santa Maria sopra Minerva
24 Pantheon

TOUR 4

ZWISCHEN TIBERINSEL & TIBERKNIE

25 Santa Maria in Cosmedin
26 Forum Boarium
27 Janusbogen
28 Wechslerbogen
29 Teatro di Marcello
30 San Bartolomeo
31 Ospedale dei Fatebenefratelli
32 Große Synagoge
33 Sant'Angelo in Pescheria
34 Piazza Mattei
35 Crypta Balbi
36 Area Sacra Argentina
37 Palazzo Pio
38 Palazzo Spada
39 Palazzo Farnese
40 Campo de' Fiori
41 Palazzo della Cancelleria
42 San Giovanni dei Fiorentini

archäologischen Funde zugänglich (http://stadiodomiziano.com, tgl. 10 bis 19 Uhr, 6 € inkl. Audioguide).

ZWISCHENSTOPP: RESTAURANT

Tre Scalini 3 €€€ C6

Ein köstlicher Tartufo schmeckt immer!

- Piazza Navona 28 | Centro Storico
  Tel. 06 68 80 19 96 | www.trescalini.it

PIAZZA PASQUINO 17 C6

An einer Platzseite steht der Pasquino. Der antike Torso aus dem 3. Jh. ist eine der »sprechenden Statuen«, von denen es in Rom mehrere gab: Die Bevölkerung heftete Spottverse daran, um ihren Unmut über politische Geschehnisse und Personen kundzutun.

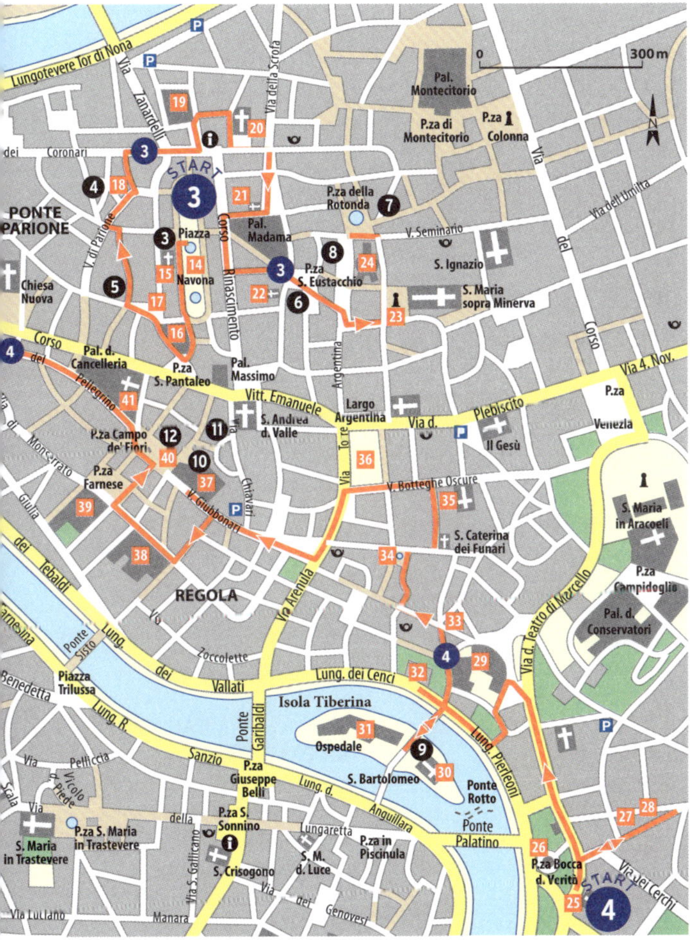

SANTA MARIA DELLA PACE 18 C6

In der Kirche an der Via Arco della Pace lockt Raffaels Fresko der »Vier Sybillen« (1514). Der zweigeschossige Renaissancekreuzgang geht auf Bramante zurück. In den angrenzenden Klosterräumen gibt es Ausstellungen und einen Buchladen (www.chiostrodelbramante.it, Mo bis Fr 10–20, Sa/So bis 21 Uhr).

ZWISCHENSTOPP: RESTAURANTS

Caffeteria Bistrot del Chiostro del Bramante 4 €€ C6

Lauschiges Plätzchen oben im Kreuzgang mit Lunchangeboten von 11.30–15.30 Uhr, auch für Nichtausstellungsbesucher.

- Arco della Pace 5 | Centro Storico
  Tel. 06 68 80 90 36
  www.chiostrodelbramante.it

Mimì e Cocò 5 €€ C7

Weinbar für den späten Abend.

- Via del Governo Vecchio 72
  Centro Storico | Tel. 06 68 21 08 45
  www.mimiecoco.com

PALAZZO ALTEMPS 19 ★ C6

In dem Renaissancepalast ist die **Ludovisische Sammlung** mit antiken Skulpturen als Teil des Museo Nazionale Romano zu bewundern. Zu den herausragenden Werken zählen der **Ludovisische Thron** (5. Jh. v. Chr.), der **Galater, der sich und seine Frau tötet** oder der **Hermes Ludovisi** und der **Ruhende Satyr** aus der Schule des bedeutendsten Bildhauers der Antike: Praxiteles (Piazza di Sant'Apollinare 46, www.museonazionaleromano.beniculturali.it, Di–So 9–19.45 Uhr, 10 €).

SANT'AGOSTINO 20 ★ UND SAN LUIGI DEI FRANCESI 21 ★ C6

In **Sant'Agostino** auf der gleichnamigen Piazza (tgl. 7.30–12, 16 bis 19.30 Uhr) begeistern der Prophet Jesaias von Raffael und die Madonna dei Pellegrini von Caravaggio, während in der französischen Nationalkirche **San Luigi dei Francesi** (Piazza di San Luigi dei Francesi 5, Mo–Fr 9.30–12.45, Sa 9.30–12.15, So 11.30–12.45 und tgl. 14.30–18.30 Uhr) Caravaggio einen Bilderzyklus über den Evangelisten Matthäus schuf. › **mehr S. 16 Punkt 27**

SANT'IVO ALLA SAPIENZA 22 ★ C7

Mit Sant'Ivo alla Sapienza schuf Borromini unter völligem Verzicht auf Farben und Bilder, nur durch die Kombination geometrischer Formen, ein architektonisches Kleinod (Corso del Rinascimento 40, Sept. bis Juni So 9–12 Uhr).

ZWISCHENSTOPP: CAFÉ

Caffè Sant'Eustachio 6 € C7

Probieren Sie im Sommer die kühle *granita di caffè*. › **mehr S. 17 Punkt 34**

- Piazza Sant'Eustachio 82
  Tel. 06 68 80 20 48 | Centro Storico
  www.santeustachioilcaffe.it

PIAZZA SANTA MARIA SOPRA MINERVA 23 ★ C7

Auf einer kleinen Piazza steht Berninis **Elefantenobelisk.** Der ägyptische Obelisk auf dem Rücken des Elefanten stammt aus dem 6. Jh. v. Chr. und stand vor den Toren eines antiken Isis-Tempels.

Santa Maria sopra Minerva, Roms einzige bedeutende gotische Kirche, wurde 1280 von Dominikanern begründet. Sehenswert sind die Cappella Caraffa mit Fresken Filippino Lippis, der Sarkophag der hl. Katharina von Siena und der Auferstandene Christus von Michelangelo links des Hauptaltars. Die erste Kapelle links vom Chor birgt das Grab Fra Angelicos, die Medici-Päpste ruhen links und rechts vom Hochaltar (Piazza della Minerva 42, Mo–Fr 7–19, Sa 10–12.30 und 15.30–19, So 8–12.30 und 15.30–19 Uhr).

PANTHEON 24 6 C7

Der unter Kaiser Hadrian Anfang des 2. Jhs. errichtete kreisrunde Tempel mit giebelgekrönter Säulenvorhalle war den Planetengöttern geweiht, deren Statuen die sieben Nischen zierten. Im Jahr 608 wurde das Pantheon in eine Marienkirche umgeweiht. Die in einer Art antikem Beton gegossene Kuppel mit ihrem Durchmesser von 43,3 m inspirierte Michelangelo zum Entwurf der Kuppel des Petersdoms. Der beeindruckende Zentralbau dient auch als Grabstätte: Der Renaissancekünstler Raffael ruht hier (3. Nische links vom Eingang), genauso wie die italienischen Könige. Das Pantheon wurde im Laufe der Jahrhunderte seiner Kunstschätze beraubt. Für die letzte Plünderung war Papst Urban VIII. aus der Familie der Barberini verantwortlich: Er ließ aus der Bronzekassettendecke der Vorhalle den Baldachin für den Petersdom › S. 65 gießen. Roms Kommentar: An der Statue des Pasquino erschien der Satz *Quod non fecerunt barbari, fecerunt Barberini,* »Was die Barbaren nicht schafften, erledigten die Barberini«. Die von Bernini hinzugefügten Glockentürme wurden als Eselsohren verspottet und 1883 wieder abgerissen (Piazza della Rotonda, Mo–Sa 8.30–19.30, So 9–18, Fei 9–13 Uhr).

ZWISCHENSTOPP: CAFÉS

Tazza d'Oro 7 C6

Roms beste Kaffeerösterei. So geschl.

› mehr S. 14 Punkt 14

- Via degli Orfani 84 | Centro Storico
  www.tazzadorocoffeeshop.com

Cremeria Monteforte 8 C7

Wunderbar cremiges Eis direkt am Pantheon. Mo geschl.

- Via della Rotonda 22
  Centro Storico

ROMS BESTE EISDIELEN

- **Pasticceria Giolitti** C6
  Kunst des Eismachens in Vollendung: Das Eis der Familie Giolitti gilt als das beste Roms. › S. 93
- **Caffè Ciampini** D6
  Schokolade ist Trumpf: Besonders beliebt ist der zart schmelzende Tartufo al Cioccolato. › S. 97
- **San Crispino** D6
  Die Eiskreationen sind unwiderstehlich köstlich. › S. 103
- **Gelateria della Palma** C6
  Erfrischende Vielfalt: 100 Sorten in allen Aromen. Via della Maddalena 19/23, Centro storico.

TOUR 4

ZWISCHEN TIBERINSEL UND TIBERKNIE

VERLAUF: Santa Maria in Cosmedin > Tiberinsel > Große Synagoge > Crypta Balbi > Campo de' Fiori > San Giovanni dei Fiorentini

KARTE: Seite 84
DAUER: 4 Stunden
PRAKTISCHE HINWEISE:

- Zu Santa Maria in Cosmedin fahren die Buslinien 23, 280, 628, zu San Giovanni dei Fiorentini 40, 62, 64.
- Diese Tour sollte man vormittags unternehmen (Markt Campo de' Fiori Mo–Sa 6–13.30 Uhr).

TOUR-START: PIAZZA DELLA BOCCA DE LA VERITÀ D8

Ein Favorit von Rombesuchern ist der Mund der Wahrheit (Bocca della Verità) in der Vorhalle der Kirche **Santa Maria in Cosmedin*** 25. Das Relief mit dem Antlitz der Flussgottheit Triton war in der Antike wohl ein Kanaldeckel der Cloaca Maxima. Der Legende nach wird Lügnern ihre Hand abgebissen, wenn sie diese in den Mund stecken. Tag für Tag stellen Tausende ihre Glaubwürdigkeit auf die Probe. Im Inneren der Kirche beeindrucken die Cosmatenarbeiten (12./13. Jh.) aus verschiedenfarbigem Marmor auf dem Fußboden und ein Mosaik (8. Jh.) in der Sakristei. Die Krypta ist in einen antiken Tempel hineingebaut (Mai–Sept. tgl. 9.30–18, sonst bis 17 Uhr).

Auf dem antiken Rindermarkt, dem **Forum Boarium** 26, erheben sich der runde Tempel des Herkules und der Tempel des Portunus, zwei gut erhaltene römische Tempel aus republikanischer Zeit. Bevor im 19. Jh. die Tiberbefestigung angelegt wurde, erstreckte sich der antike Handelsplatz vom Tiber bis zum **Janusbogen** 27 (Arco di Giano) unterhalb des Palatin. Der vierseitige Bogen (4. Jh.) war Kaiser Konstantin geweiht. Den **Wechslerbogen** 28 (Arco degli Argentari) widmeten Geldwechsler und Viehhändler im 3. Jh. Kaiser Septimius Severus.

TEATRO DI MARCELLO 29 D7

An der Via del Teatro di Marcello steht das antike Marcellus-Theater mit den im 16. Jh. eingebauten Palasträumen der Adelsfamilie Orsini. Kaiser Augustus hatte das 15 000 Zuschauer fassende Theater zur Erinnerung an seinen Neffen Marcello 11 v. Chr. in Auftrag gegeben. Im Sommer finden hier Konzerte statt.

TIBERINSEL (ISOLA TIBERINA) C8

Der **Ponte Fabrizio**, die älteste Brücke Roms (62 v. Chr.), führt auf die Tiberinsel, die Äskulap, dem Gott der Heilkunst, geweiht ist. Auf den Ruinen des antiken Äskulap-Tempels stehen seit der Zeit Kaiser Ottos III. **Kirche und Kloster von San Bartolomeo** 30 mit dem romanischen Campanile. Die Bruderschaft des Krankenhauses **Ospe-**

dale dei Fatebenefratelli 31 war im Spätmittelalter für die Pflege der Pestkranken und den Abtransport der Leichen zuständig.

ZWISCHENSTOPP: RESTAURANT

Sora Lella 9 €€–€€€ C8

Eine Institution der römischen Küche, am Ponte Fabricio. Di geschl.

- Via di Ponte Quattro Capi 16
  Ripa | Tel. 066 86 16 01
  www.trattoriasoralella.com

JÜDISCHES VIERTEL C/D7

Über den Ponte Fabricio gelangt man zurück auf die linke Tiberseite ins alte jüdische Viertel, das sich viele malerische Winkel, koschere Läden und Restaurants bewahrt hat.

GROSSE SYNAGOGE 32

Am Lungotevere dei Cenci erhebt sich die Große Synagoge (Tempio Maggiore), mit dem **Museo Ebraico.** Der Bau mit der hohen Kuppel wurde 1904 als Zeichen eines emanzipierten Judentums errichtet. Das Innere der Synagoge bezaubert mit Jugendstildekorationen. Das Museum veranschaulicht das jüdische Leben in Rom seit dem 2. Jh. v. Chr. und bietet Führungen durch das ehemalige römische Ghetto an (Lungotevere dei Cenci, Tel. 06 68 40 06 61, www.museoebraico.roma.it, April–Sept. So–Do 10–18, Fr 10 bis 16, sonst So–Do 10–17, Fr 9–14 Uhr, an jüdischen Fei geschl.).

SANT'ANGELO IN PESCHERIA 33

Die Reste des **Portico d'Ottavia,** wo vor 2000 Jahren griechische Kunstwerke ausgestellt wurden, sind in der Vorhalle der Kirche Sant'Angelo in Pescheria verbaut. Berühmt-berüchtigt ist das Kirchlein der christlichen Bekehrungsversuche wegen, die sich hier jahrhundertelang über die Mitglieder der jüdischen Gemeinde ergossen.

Bocca della Verità

PIAZZA MATTEI 34

Ein Schmuckstück ist der Schildkrötenbrunnen von Giacomo della Porta (1585) auf der verträumten Piazza Mattei. Die bronzenen Jünglingsgestalten gehen auf den Florentiner Bildhauer Taddeo Landini zurück. Sehenswert ist auch die Kirche **Santa Caterina dei Funari** in der gleichnamigen Straße (1560–1564).

CRYPTA BALBI 35

Über die Via Caetani gelangt man zur Via delle Botteghe Oscure, der »Straße der dunklen Werkstätten«, wo es im Mittelalter eine schummrige Ladenzeile gab. Heute erhält man in den historischen Mauern der Crypta Balbi einen hervorragenden Einblick in die Siedlungsgeschichte Roms nach dem Ende der Antike. Grabungsfunde, Rekonstruktionen und Modelle veranschaulichen den Wandel des städtischen Alltags im Laufe der Jahrhunderte (Via delle Botteghe Oscure 31, www.museonazionaleromano.beniculturali.it, Di–So 9–19.45 Uhr, 10 €).

AREA SACRA ARGENTINA 36 C7

Die sogenannte Area Sacra Argentina am Largo di Torre Argentina bezeichnet Tempelruinen aus dem 3. und 2. Jh. v. Chr. Sie bezeugen den Stellenwert des Stadtviertels in republikanischer Zeit (nur Außenbesichtigung).

PALAZZO PIO 37 C7

Über die Via di Arenula geht es in die Via dei Giubbonari. Bevor man nach links in den Vicolo delle Grotte abbiegt, liegt rechter Hand der Palazzo Pio, in den das Rome Center der Universität Washington eingezogen ist. In der Antike erstreckte sich das Teatro di Pompeo von hier bis zur heutigen Kirche Sant'Andrea della Valle am Corso Vittorio Emanuele.

ZWISCHENSTOPP: RESTAURANTS

Da Pancrazio 10 €€–€€€ C7

Im Restaurant steht jene antike Säule des Theaterrunds, an der Julius Cäsar am 15. März 44 v. Chr. ermordet wurde. Mi geschl.

- Piazza Biscione 92 | Centro Storico
  Tel. 066 86 12 46
  www.dapancrazio.it

Trattoria Der Pallaro 11 € C7

Typisch römische Gerichte aus frischesten Zutaten. Mo geschl.

- Largo del Pallaro 15 | Centro Storico
  Tel. 06 68 80 14 88
  www.trattoriaderpallaro.it

PALAZZO SPADA 38 C7

Im Palazzo Spada wartet mit der **Galleria Prospettica Borromini** ein barockes Juwel auf seine Besucher. Dank Francesco Borrominis virtuoser perspektivischer Gestaltung mit architektonischen und malerischen Mitteln wirkt die Kolonnade viel länger als messbare 9 Meter (Piazza Capo di Ferro 13, am Do Eingang Vicolo del Polverone 15 b, Tel. 063 28 10, http://gebart.it, Mi–Mo 8.30–19.30 Uhr, 5 €).

PALAZZO FARNESE 39 C7

Den schönen Palazzo Farnese aus dem 16. Jh. an der gleichnamigen Piazza nennen die Römer Il Dado, »den Würfel«. Beim Bau wirkte auch Michelangelo mit. Das auffällige Wappen mit päpstlicher Tiara an der Fassade erinnert an den Auftraggeber Paul III. Hier residiert heute die französische Botschaft. Auf der Piazza stehen zwei gewaltige »Wannen« aus den Caracallathermen, in denen sich das Wasser der **Zwillingsbrunnen** von Rainaldi sammelt.

CAMPO DE' FIORI 40 7 C7

Die zentrale **Statue** auf dem Campo de' Fiori, einem der stimmungsvollsten Plätze Roms, erinnert an Giordano Bruno, den Philosophen und Freidenker, der hier im Jahre

Zum Markt auf dem Campo de' Fiori zieht es Römer und Touristen gleichermaßen

1600 als Ketzer verbrannt wurde. Zu ihren Füßen findet der beliebteste römische Lebensmittelmarkt statt (Mo–Sa 7–14 Uhr). › mehr S. 12 Punkt 2 und S. 14 Punkt 11

Gegen Mittag öffnen dann immer mehr Bars und Trattorien, bis die Piazza zum Ziel abendlicher Flaneure und Nachtschwärmer wird.

ZWISCHENSTOPP: RESTAURANT

Antica Hostaria Romanesca 12 €€ C7
Bodenständige Taverne.

- Piazza Campo de' Fiori 40
  Centro Storico | Tel. 066 86 40 24
  www.facebook.com/anticahostariaromanesca

PALAZZO DELLA CANCELLERIA 41 C7

Mit dem Gewinn einer durchspielten Nacht finanzierte Kardinal Raffaele Riario im 15. Jh. den Bau des Renaissancepalastes. Dabei wurde teilweise Material aus dem Kolosseum verwendet. Heute hat hier u. a. das päpstliche Eheannulierungsgericht seinen Sitz. Einen Besuch lohnt die integrierte Basilika **San Lorenzo in Damaso** (Piazza della Cancelleria 1, Mo–Sa 7.30–12, 16.30 bis 19.30, So 8.30–13, 17–20 Uhr).

SAN GIOVANNI DEI FIORENTINI 42 B6

Zu Beginn des 16. Jhs. zählte die Gegend am nördlichen Ende der Via Giulia zu den besten Adressen und war Domäne der Florentiner Diplomaten, Bankiers und Kaufleute. Die Kirche lohnt den Besuch wegen Werken u. a. von Borromini und Carlo Maderno, die hier in der Kirche bestattet sind (Piazza dell'Oro 1, tgl. 7.25–12 und 17–19 Uhr). Das angeschlossene Museo d'Arte Sacra präsentiert wertvolle Arbeiten wie Michelangelos Statue »Johannes der Täufer« (Via Acciaioli 2, Mo–Sa 9.30–12 Uhr, Spende erwünscht).

TOUR 5

RUND UM DIE VIA DEL CORSO

VERLAUF: Galleria Doria Pamphilj > Sant'Ignazio > Augustus-Denkmäler > Piazza del Popolo > Monte Pincio > Spanische Treppe > Trevibrunnen

KARTE: Seite 94
DAUER: 4–5 Std.
PRAKTISCHE HINWEISE:
- Die Galleria Doria Pamphilj ist mit Bussen (81, 85) über die Piazza Venezia zu erreichen.
- Legen Sie die Tour auf den Nachmittag, sodass Sie die Aussicht vom Monte Pincio in der Dämmerung und den Trevibrunnen im Scheinwerferlicht genießen können.

TOUR-START: GALLERIA DORIA PAMPHILJ 43 ★ D7

Die Galleria Doria Pamphilj im gleichnamigen Adelspalast (15. Jh.), der noch in Familienbesitz ist, zeigt eine herausragende private Kunstsammlung mit Werken u.a. von Tintoretto, Caravaggio und Breughel d.Ä. Großartig ist die Chance zum direkten Vergleich eines Ölgemäldes von Velázquez mit einer Marmorbüste von Bernini: beides **Porträts von Papst Innozenz X. Pamphilj** (Via del Corso 305, Tel. 066 79 73 23, www.doriapamphilj.it, tgl. 9–19 Uhr, 12 €).

SANT'IGNAZIO 44 D6/7

Wie eine Inszenierung erscheint die Piazza di Sant'Ignazio, die von einem Ensemble imposanter Rokokobauten gerahmt wird. Besonders auffällig ist die Fassade der Jesuitenkirche Sant'Ignazio (1626–1650). Im Kircheninneren beeindrucken die illusionistische Kuppel und die perspektivischen Deckenfresken von Andrea Pozzo (Via del Caravita 8/A, Mo–Sa 7.30–19, So 9–19 Uhr).

PIAZZA COLONNA 45 D6

Über die Piazza di Pietra mit dem gut erhaltenen Hadrianeum und dem gemütlichen **Gran Caffè La Caffettiera** gelangt man zur Piazza Colonna. Namensgebend ist die 30 m hohe antike **Grabsäule des Mark Aurel** (Colonna di Marco Aurelio) mit kunstvollen Reliefs, die Szenen aus den Germanischen und den Sarmatischen Kriegen im 2. Jh. n. Chr. zeigen. Seit Ende des 16. Jhs. krönt das Meisterwerk eine Statue des hl. Paulus. An der Nordseite des Platzes dient der Renaissancebau des **Palazzo Chigi** als Amtssitz des italienischen Ministerpräsidenten.

Zur Via del Corso begrenzt die **Galleria Alberto Sordi** (1922) den Platz. In der Einkaufspassage gibt es Boutiquen, Buchhandlung und ein Café (http://galleriaalbertosordi.it, Mo–Fr 8.30–21, Sa bis 22, So ab 9.30 Uhr). > mehr S. 15 Punkt 21

PIAZZA MONTECITORIO 46 C/D6

Auf der Piazza fällt ein ägyptischer **Obelisk** auf, den Kaiser Augustus im Jahre 10 v. Chr. nach Rom brach-

Treffpunkt Piazza del Popolo, am mittleren Brunnen

te. In der Antike diente die 34 m hohe Granitsäule auf dem Campo Marzo als Zeiger einer gewaltigen Sonnenuhr. Der von Bernini entworfene **Palazzo di Montecitorio** ist Sitz des Abgeordnetenhauses.

ZWISCHENSTOPP: CAFÉ

Pasticceria Giolitti 13 C6
Traditionsreiche Eisdiele, die als beste Roms gilt. > **mehr S. 15 Punkt** 15

- Via Uffici del Vicario 40 | Colonna
  Tel. 066 99 12 43 | www.giolitti.it

AUGUSTUS-DENKMÄLER C5/6

In Anlehnung an etruskische Hügelgräber entstand das **Augustus-Mausoleum** 47 (Mausoleo di Augusto, Piazza Augusto Imperatore, www.mausoleodiaugusto.it, zzt. geschl.). Die **Ara Pacis Augustae** 48, der Opferaltar zu Ehren des Kaisers Augustus (ca. 10 v. Chr.), verherrlicht in Marmorreliefs die lange Friedenszeit unter seiner Regierung nach den Kriegen in Gallien und Spanien. Heute ist der Altar vor Wind, Wetter und Smog geschützt durch den spektakuären, lichten Museumsbau des US amerikanischen Stararchitekten Richard Meier (Lungotevere in Augusta/Via Tomacelli, www.arapacis.it, tgl. 9.30 bis 19.30 Uhr, 13 €, dt. Videoguide 6 €).

ZWISCHENSTOPP: RESTAURANT

Il vero Alfredo 14 €€–€€€ C5
Gute hausgemachte Pasta. Mo geschl.

- Piazza Augusto Imperatore 30
  Campo Marzio | Tel. 066 87 87 34
  www.ilveroalfredo.it

VIA DEL CORSO C5–D7

Der nördliche Abschnitt der schnurgeraden Via del Corso zwischen der Piazza Venezia und der Piazza del Popolo war schon zu Zeiten Julius Cäsars das Herz und die

Flaniermeile der umliegenden Viertel. Prozessionen, Demonstrationen, selbst Pferderennen fanden auf dem später von prachtvollen Adelspalästen gesäumten Boulevard noch im 19. Jh. statt. Heute ist die Via del Corso von der Piazza del Popolo bis zur Kreuzung mit der Via Tomacelli Fußgängerzone, am Wochende reicht diese sogar bis zur Via di Mercede. Internationale Modeketten locken hier zum ausgiebigen Einkaufs- und Schaufensterbummel.

CASA DI GOETHE 49 C5

Eine Unterbrechung des Schaufensterbummels verdient die **Casa di Goethe.** In der Wohnung des Malers Johann Heinrich Wilhelm Tischbein (1751–1829) war Goethe von 1786–1788 zu Gast. Neben Schriftstücken, Büsten und Porträts des Dichters, darunter ein Siebdruck von Andy Warhol, beeindrucken auch die Zeichnungen Goethes und Tischbeins (Via del Corso 18, Tel. 06 32 65 04 12, www.casadigoethe.it, Di–So 10–18 Uhr, 5 €).

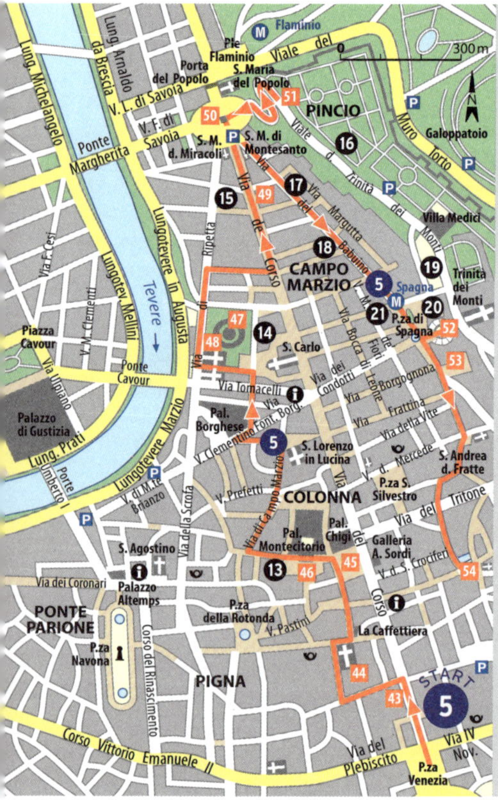

TOUREN IM CENTRO STORICO

TOUR 5

RUND UM DIE VIA DEL CORSO

- 43 Galleria Doria Pamphilj
- 44 Sant'Ignazio
- 45 Piazza Colonna
- 46 Piazza Montecitorio
- 47 Augustus-Mausoleum
- 48 Ara Pacis Augustae
- 49 Casa di Goethe
- 50 Piazza del Popolo
- 51 Monte Pincio
- 52 Spanische Treppe
- 53 Keats-Shelley-House
- 54 Trevibrunnen

ZWISCHENSTOPP: RESTAURANT

Enoteca Buccone ⓯ € C5
Gute italienische Küche, serviert zwischen hohen Weinregalen von freundlichem Personal. Warme Küche Mo–Sa mittags, Fr/Sa auch abends.

- Via Ripetta 19/20 | Campo Marzio
  Tel. 063 61 21 54
  www.enotecabuccone.com

PIAZZA DEL POPOLO 50 C5

Der Platz empfängt seit der Antike all jene, die von Norden her nach Rom kamen. Seine heutige Ausdehnung ist das Ergebnis der stadtplanerischen Aktivitäten Papst Leos X., der im 16. Jh. mit Via Ripetta, Via del Corso und Via del Babuino drei strahlenförmig abzweigende Straßen in den Häuserdschungel schlagen ließ. Dazwischen thronen mit den Zwillingskirchen **Santa Maria di Montesanto** und **Santa Maria dei Miracoli** zwei Schmuckstücke des Barock. Das Zentrum des Platzes markiert der aus Ägyten stammende **Flaminio-Obelisk**, der vom Circus Maximus hierher versetzt wurde. Seit Valadiers klassizistischer Umgestaltung des Platzovals in der ersten Hälfte des 19. Jhs. krönt der Obelisk die mittlere von drei Brunnenanlagen. Logenplätze mit Blick auf das trubelige Treiben bieten die Cafés **Canova** und **Rosati.** > mehr S. 14 Punkt ⓬

PORTA DEL POPOLO

Die der Piazza zugewandte Fassade des Stadttors gestaltete Bernini im Jahr 1655 zu Ehren der zum Katholizismus konvertierten Königin Christine von Schweden. Die Außenfassade wurde unter Pius IV. (1560–1565) nach Plänen Michelangelos umgestaltet.

SANTA MARIA DEL POPOLO ★

Die Hauptkirche des Viertels neben dem Stadttor wurde erstmals 1099 erwähnt, ihre prachtvolle barocke Ausgestaltung erfuhr sie später durch Bernini (Skulpturen »Daniel in der Löwengrube« und »Habakuk mit dem Engel«). Zahlreiche Päpste liegen in der Kirche begraben. Von den Kunstschätzen beeindrucken die **Cappella Chigi** nach Entwürfen Raffaels, Caravaggios meisterhafte Gemälde »Bekehrung des hl. Paulus« und »Kreuzigung des hl. Petrus« in der **Cappella Cerasi** sowie Pinturicchios Fresken in der von Bramante geschaffenen **Chorapsis** und der **Rovere-Kapelle** (Mo–Do 7.15–12.30, 16–19, Fr/Sa 7.30–19, So, Fei 7.30–13 und 16.30 bis 19.30 Uhr).

MONTE PINCIO 51 D5

Eine grandiose Treppenanlage von Valadier führt von der Piazza Popolo zur Aussichtsterrasse auf dem Monte Pincio. Von hier eröffnet sich eine der großartigsten Panoramen der Ewigen Stadt mit der Kuppel des Petersdoms als zentralem Blickpunkt. Auf Kinder warten Luftballonverkäufer, Karussells und das Marionettentheater San Carlino (www.sancarlino.it, meist Sa/So).

ZWISCHENSTOPP: RESTAURANTS

Casina Valadier ⓰ €€€ D5
Ausblick und Essen im eleganten Ambiente sind einmalig. Mo geschl.

Die Spanische Treppe wurde als feierlicher Aufstieg zur französischen Nationalkirche erbaut

- Piazza Bucarest | Campo Marzio
  Tel. 06 69 92 20 90
  www.casinavaladier.com

Il Margutta 17 €€ D5

Exquisite vegane und vegetarische Gerichte in fröhlich buntem Ambiente.

- Via Margutta 118 | Campo Marzio
  Tel. 06 32 65 05 77
  www.ilmargutta.bio

Ristorante Atelier Canova Tadolini 18 €€ D5

Lunch oder Dinner werden inmitten der erhaltenen Atelierräume des Bildhauers Canova und seines Schülers Tadolini serviert. Und beim Essen kann man deren Arbeiten in Ruhe bestaunen.

- Via del Babuino 150 A
  Campo Marzio | Tel. 06 32 11 07 02
  www.canovatadolini.com

SPANISCHE TREPPE 52 8 D5/6

Die dreiläufige Treppenanlage (Scalinata della Trinità dei Monti) verdankt ihren Bau (1723–1726) durch Francesco de Sanctis der französischen Nationalkirche **Santissima Trinità dei Monti**, zu der sie hinaufführt, den Namen jedoch der Spanischen Botschaft am Platz und dem einst spanischen Hoheitsgebiet zu ihren Füßen. Das fotogene Ensemble von Doppelturmfassade, Obelisk und Treppenanlage ergänzt die **Fontana della Barcaccia** auf der Piazza di Spagna. Der Brunnen von Pietro Bernini (1629), Gianlorenzos Vater, erinnert in seiner Bootsform an das Tiberhochwasser des Jahres 1598, bei dem hier ein Lastkahn angespült wurde. Heute sind Picknicken und

Herumlungern auf den Treppenstufen und am Brunnen verboten, dafür drohen Strafen bis zu 100 €.

Das **Keats-Shelley-House** 53 rechts der Treppenanlage besuchen vor allem englische Touristen. In der Pension Casina Rossa wohnte John Keats, der das Ideal der Romantik intensiv lebte – und aus Kummer starb, weil seine Angebetete Fanny Browne seine Liebe nicht erwiderte (Piazza di Spagna 26, Tel. 066 78 42 35, www.keats-shelley-house.org, Mo–Sa 10–13, 14 bis 18 Uhr, 5 €).

Von der Piazza di Spagna geht die **Via dei Condotti** ab. Hier liegt das Zentrum der Alta Moda. Wer bei Textil-, Schmuck- und Schuhdesign auf sich hält, geht hier einkaufen – weniger betuchte Modefans spähen wenigstens in die Schaufenster.

ZWISCHENSTOPP: RESTAURANTS

Caffè Ciampini 19 €€ D5

Gegenüber der Französischen Akademie Villa Medici genießen die Gäste nach dem guten Essen nicht nur die Aussicht, sondern auch leckerste Eisspezialitäten zum Dessert.

- Piazza Trinità dei Monti | Campo Marzio
  Tel. 066 78 56 78
  www.caffeciampini.com

Babington's Tea Room 20 €–€€ D6

Zwei Engländerinnen gründeten 1893 den links von der Spanischen Treppe gelegenen Teesalon. In nostalgischem Ambiente kann man unter mehr als 100 Teesorten, Kuchen und kleinen Gerichten wählen.

- Piazza di Spagna 23 | Campo Marzio
  Tel. 066 78 60 27
  www.babingtons.com

Pastificio Guerra 21 € D5

Der kleine Pastaladen bietet jeden Mittag zwei einfache günstige Gerichte, dazu Wein oder Wasser, die man allerdings im Stehen genießen muss, solange der Vorrat reicht.

- Via della Croce 8 | Campo Marzio

TREVIBRUNNEN 54 ★ D6

Die Fontana di Trevi ist der populärste Brunnen der Stadt. Seine monumentale Wirkung erzielte Nicola Salvi (1732–1751) durch die Einbeziehung der Fassade des Palazzo Poli. Das Zentrum der spätbarocken Anlage bildet ein großer Triumphbogen, durch den Tritonen und Pferde Neptuns Muschelwagen ziehen. Im nächtlichen Scheinwerferlicht wirkt diese Kulisse genauso traumhaft, wie man sie aus Federico Fellinis Film »La Dolce Vita« kennt.

MÜNZWURF

Populär wurde der Brauch, Münzen in den Trevibrunnen zu werfen, durch den amerikanischen Film »Three Coins in the Fountain« (1954). Um die vielen Tausend Münzen, die Rombesucher täglich im Trevibrunnen hinterlassen, entbrannte ein Rechtsstreit. Seither wird das Geld – jährlich immerhin etwa 1 Mio. Euro! – von der Stadt Rom aus dem Wasser gefischt und gespendet. Die Stadt wacht auch darüber, dass niemand in den Brunnen springt und darin badet – wie einst Anita Ekberg in »La Dolce Vita« (1960). > **mehr S. 12 Punkt 5**

ZWISCHEN PINCIO & CELIO

Hinter der Porta Pinciana beginnt die von Luxushotels gesäumte Via Veneto

Hochkarätige Museen und weltweit bedeutende Kirchen verlangen Kunstliebhabern alles ab. Entspannung bietet die grüne Lunge der Stadt, der Park Villa Borghese – nachdem man mindestens eines der vielen Museen darin besucht hat.

Zwischen dem Monte Pincio im Norden und dem Monte Celio im Süden erheben sich Quirinal und Esquilin. Östlich schiebt sich der Hauptbahnhof Stazione Termini in die römische Innenstadt. Ganz in der Nähe, an der Piazza Repubblica, wartet das Museo Nazionale Romano in den Diokletiansthermen und im Palazzo Massimo mit hochkarätigen antiken Kunstwerken auf. Anschließend kann man beim italienischen Staatspräsidenten auf dem Quirinal vorbeisehen.

Nördlich davon führt die von eleganten Hotels gesäumte Via Veneto in die grüne Oase Roms, die Villa Borghese, ein beliebtes Ausflugsziel für Familien und Kulturinteressierte, mit bedeutenden Museen.

Ganz im Zeichen der frühchristlichen Kirchen steht die Tour über den Esquilin, einen der früh besiedelten sieben Hügel Roms östlich vom Palatin. Das Multi-Kulti-Treiben um die Piazza Vittorio Emanuele II schafft einen angenehmen Kontrast zur Stille der Gotteshäuser.

Die Kirchentour schlechthin beginnt weiter südlich am Colle Oppio und führt auf den Celio, unterwegs ermöglichen die Domus Aurea oder das Mithras-Heiligtum unter San Clemente interessante Blicke in die Antike. Besonderer Anziehungspunkt ist der Lateran, der wie der Vatikan aus mehreren Gebäuden besteht, darunter die Lateranbasilika, Roms bedeutendste Kirche und Bischofskirche der Päpste, die hier vom 4. Jh. bis 1309 residierten.

Im Studentenviertel San Lorenzo pulsiert das Leben bis tief in die Nacht

»La Dolce Vita« kann recht teuer werden an der Via Veneto. Eher für einen Snack eignet sich das Museumscafé im Palazzo de Belli Arti. Ansonsten empfehlen sich die Trattorien in der Nähe des Lateran.

INFOS

Viele Kirchen bleiben in der Mittagszeit, die meisten Museen montags geschlossen. Tickets müssen für den Palazzo del Quirinale > S. 103 mind. 5 Tage und für die Galleria Borghese > S. 105 4–5 Tage vorab reserviert werden.

ZWISCHEN PINCIO & CELIO

TOUR 6

RUND UM DEN QUIRINAL

VERLAUF: Piazza della Repubblica > Museo Nazionale Romano > Piazza del Quirinale

KARTE: Seite 102
DAUER: 3 Std., mit Museumsbesuchen länger
PRAKTISCHE HINWEISE:

- Die Piazza della Repubblica erreicht man per Metro A, den Quirinal mit den Bussen 40, 60, 64, 70, 170 (Via Nazionale/Quirinal).
- Die Diokletiansthermen und der Palazzo Massimo sind Mo geschl. Beide gehören zum Museo Nazionale Romano, für das es ein günstiges Kombiticket gibt > S. 153.
- Der Palazzo del Quirinale ist Mo, Do und im Aug. geschl., Ticketreservierung mind. 5 Tage vorab obligatorisch > S. 103.

TOUR-START: PIAZZA DELLA REPUBBLICA 1 E6

Das Kreisrund dieser Piazza mit ihrer neoklassizistischen Architektur zeichnet die gewaltigen Ausmaße der Exedra der antiken, 305 n. Chr. vollendeten **Thermen des Diokletian** (Terme di Diocleziano) nach. In der Platzmitte plätschert seit 1885 die hübsche Fontana delle Naiadi. Ursprünglich bedeckten die Thermen sogar ein Areal bis hin zur Kirche **San Bernardo** (Ecke Via Torino/Piazza di San Bernardo). Die Thermenanlage wurde im Mittelalter großenteils zerstört, da sie als Steinbruch genutzt wurde.

SANTA MARIA DEGLI ANGELI 2

Nachdem Papst Pius IV. den Kartäusermönchen 1561 das Thermengelände übertragen hatte, ließen sie hier ein Kloster errichten. Michelangelo bezog bei seinem Entwurf für die Klosterkirche Santa Maria degli Angeli die noch gut erhaltenen Säulen und Gewölbe des antiken Frigidarium (Abkühlraums) mit ein. Zudem beeindrucken im Gotteshaus die **Statue des Ordensgründers Bruno von Köln** und der 1702 in den Fußboden des 91 m langen Querschiffs eingelassene Messingstreifen der **Linea Clementina.** Sie zeigt Roms Meridian an.

MUSEO NAZIONALE ROMANO ★

Das römische Nationalmuseum präsentiert in den Diokletiansthermen 3 mit dem Kreuzgang des später errichteten Kartäuserklosters und der von Michelangelo entworfenen Kirche Santa Maria degli Angeli (1563/64) antike Inschriften und Reliefs. Es bietet so einen guten Überblick über den damaligen römischen Alltag (Via E. de Nicola 79, Tel. 06 45 21 04 11, www.museonazionaleromano.beniculturali.it, Di bis So 9–19.30 Uhr, 10 €).

Der Najadenbrunnen auf der Piazza della Repubblica

Der Hauptsitz des Museo Nazionale Romano befindet sich im Ende des 19. Jhs. erbauten **Palazzo Massimo** 4. Hier werden die Antiken- und Münzsammlungen des Museums sowie Fresken und Mosaiken aus römischen Villen gezeigt (Largo Villa Peretti 2, Tel. 06 39 96 77 00, www.museonazionaleromano.beniculturali.it, Di–So 9–19.45, 10 €).

SANTA MARIA DELLA VITTORIA 5 E6

Die im 17. Jh. von Carlo Maderno für den Orden der Unbeschuhten Karmeliten errichtete Kirche Santa Maria della Vittoria besticht durch Berninis sinnliche **Verzückung der hl. Theresa von Avila** in der Cappella Cornaro (Via 20 Settembre 17, tgl. 8.30–12, 15.30–18 Uhr).

AUF DEM QUIRINALSHÜGEL

Dank der barocken Stadtplanung gewährt die Kreuzung Via XX Settembre und Via delle Quattro Fontane den einzigartigen Blick auf gleich drei Obelisken. Die Straßenecken schmücken vier Marmorbrunnen.

SAN CARLO ALLE QUATTRO FONTANE 6 E6

Die Barockkirche, nach 30-jähriger Bauzeit 1667 fertiggestellt, wird gekrönt von einer ovalen Kuppel und einer Doppellaterne. Das Meisterwerk Francesco Borrominis mit seinem überaus fantasievollen Wechselspiel konvexer und konkaver Formen kommt ohne rechten Winkel aus (Via del Quirinale 23, Mo–Sa 10 bis 13 Uhr).

Karte S. 102

SANT'ANDREA AL QUIRINALE 7 E6

Die Kirche errichtete Bernini 1658 in Konkurrenz zu Borromini. Der war zwar der genialere Baumeister, blieb aber ewiger Zweiter. Für Sant' Andrea al Quirinale erhielt Bernini üppige Zuwendungen des Jesuitenordens. Bemerkenswert ist der ovale Grundriss der beliebten Hochzeitskirche, der von der halbkreisförmigen Freitreppe wiederholt wird (Via del Quirinale 28, Di bis Sa 9–12, 15–18, So 15–18 Uhr).

PIAZZA DEL QUIRINALE D6

Mit 61 m ist der Quirinal der höchste der klassischen sieben Hügel Roms. Der Blick reicht weit über die Dächer bis zum Petersdom. Den Platz schmückt ein Obelisk, flankiert von den Statuen der Dioskuren. Vor dem **Palazzo del Quirinale** 8, Sitz des Staatspräsidenten, wird sonntags die Wachablösung der Ehrengarde zelebriert (Juni–Sept. So 18, sonst 16 Uhr). Fontana, Bernini, Maderno und andere waren an der Gestaltung des Renaissancepalastes

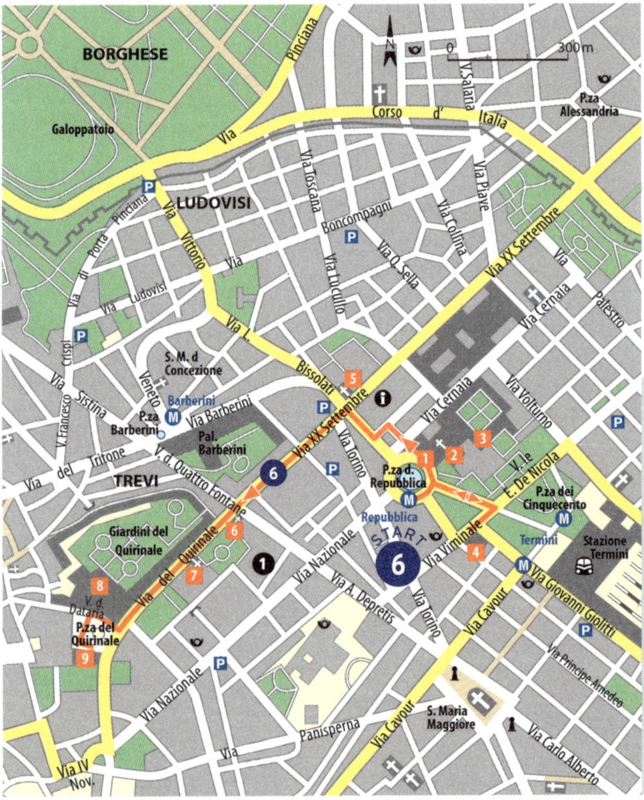

beteiligt. 1574 als Sommerresidenz der Päpste konzipiert, nutzten den Palast ab 1870 die italienischen Könige. Die Festsäle sind mit Gobelins, Spiegeln, Skulpturen und Malereien geschmückt (nur mit Ausweis und Führung, Reservierung mind. 5 Tage vorab: Infopoint, Salita di Montecavallo 15, Tel. 06 39 96 75 57, http://palazzo.quirinale.it, Di/Mi, Fr–So 9.30–16 Uhr, Palastrundgang 1,50 €, inkl. Gärten und Kutschen 10 €)

In den einstigen Pferdestallungen, den **Scuderie** 9, werden große, populäre Wechselausstellungen präsentiert (Via XXIV Maggio 16, So–Do 10–20, Fr, Sa 10–22.30 Uhr, www.scuderiequirinale.it, 15 €).

ZWISCHENSTOPP: RESTAURANT

San Crispino 1 €€–€€€ D6

Gefrorenes ohne künstliche Aromen. Spezialität ist *gelato caldo*, das man trinkt wie heiße Schokolade.

- Via della Panetteria 42 | Trevi
  Tel. 066 79 39 24
  www.ilgelatodisancrispino.com

TOUREN ZWISCHEN PINCIO & CELIO

TOUR 6

RUND UM DEN QUIRINAL

1 Piazza della Repubblica
2 S. Maria degli Angeli
3 Diokletiansthermen
4 Palazzo Massimo
5 S. Maria della Vittoria
6 San Carlo alle Quattro Fontane
7 Sant'Andrea al Quirinale
8 Palazzo del Quirinale
9 Scuderie

TOUR 7

IN DER VILLA BORGHESE

VERLAUF: Piazza Barberini > Villa Borghese > Galleria Nazionale d'Arte Moderna > Etruskisches Nationalmuseum

KARTE: Seite 104
DAUER: 4–5 Std.
PRAKTISCHE HINWEISE:

- Die Piazza Barberini ist an das Metronetz (Linie A), das Etruskische Nationalmuseum in der Villa Giulia an das Straßenbahnnetz (3, 19) angeschlossen.
- Die Museen sind Mo geschl.
- Tickets für die Galleria Borghese müssen 4 bis 5 Tage vorab reserviert werden, Tel. 063 28 10, http://gebart.it.

TOUR-START: PIAZZA BARBERINI 10 D/E6

Als glänzendes Beispiel für den römischen Hochbarock entstand der **Palazzo Barberini** 1625–1633 nach Plänen Carlo Madernos unter Mitwirkung von Borromini, der die ungewöhnliche ovale Wendeltreppe im Südflügel, und Bernini, der die Hauptfassade schuf. Heute beherbergt der Palast einen Teil der **Galleria Nazionale d'Arte Antica** mit hochkarätigen Kunstwerken u.a. von Raffael (Porträt seiner geliebten Bäckerstochter, bekannt als »La Fornarina«), Tintoretto, El Greco,

Hans Holbein, Filippo Lippi, Caravaggio und Pietro da Cortona (Via delle Quattro Fontane 13, Tel. 064 81 45 91, www.barberinicorsini.org, Di–So 8.30–19, obligatorisches Kombiticket mit der Galleria Nazionale d'Arte Antica im Palazzo Corsini 12 €).

Die Mitte der Piazza ziert Berninis **Tritonenbrunnen** (Fontana del Tritone, 1632–1637). Vier Delfine tragen eine aufgeklappte Muschel mit dem muskulösen griechischen Meeresgott, der Wasser aus einer Schnecke bläst. Der **Bienenbrunnen** (ebenfalls Bernini, 1644) an der Einmündung zur Via Veneto erinnert an Papst Urban VIII., der hier die Biene, das Wappentier der Barberini, verewigen ließ.

VIA VITTORIO VENETO E5/6

Auf der Via Veneto, ein Schauplatz von Fellinis Film »La Dolce Vita« (1960), spaziert man unter Platanen und Palmen, vorbei an einigen Banken und Luxushotels, aber nur wenigen Cafés und Bars, die kaum noch an das Flair von einst erinnern.

Nichts für empfindliche Gemüter ist die **Kapuzinergruft** (Museo e Cripta dei Cappuccini) neben der Kirche Santa Maria della Concezione: Sie birgt die Gebeine von mehr als 4000 Mönchen. Die gesamte Dekoration, sogar die Rosetten an den Wänden in der Krypta, ist aus Knochen geformt (Via Veneto 27, Tel. 06 88 80 36 95, www.cappuccinivia veneto.it, tgl. 9–19, 8,50 €). > mehr S. 16 Punkt 29

ZWISCHENSTOPP: RESTAURANT

Harry's Bar 2 €€€ E5

Elegante Bar.

- Via Vittorio Veneto 150 | Ludovisi Tel. 06 48 46 43 | www.harrysbar.it

TOUREN ZWISCHEN PINCIO & CELIO

TOUR 7

IN DER VILLA BORGHESE

- 10 Piazza Barberini
- 11 Galleria Borghese
- 12 Museo Carlo Bilotti
- 13 Museo Canonica
- 14 Biopark
- 15 La Galleria Nazionale
- 16 Etruskisches Nationalmuseum Villa Giulia
- 17 Museo Nazionale delle Arti del XXI Secolo (MAXXI)

Freizeitspaß in der Villa Borghese

VILLA BORGHESE D/E 4/5

Jenseits der Porta Pinciana weitet sich das Grün der Villa Borghese. Die Museen auf dem Gelände der weitläufigen Parkanlage garantieren großartige Kunsterlebnisse. Bimmelbahn, Boots- und Radverleih an der Piazza di Siena sorgen für Abwechslung. > mehr S. 16 Punkt 23

Erst 1901 ging das 5 km² große Gelände vom Königshaus in Stadtbesitz über. Doch Kardinal Scipione Borghese hatte bereits Anfang des 17. Jhs. »wohlgekleideten« Stadtbewohnern den Zugang zu seinem Privatbesitz mit der erstklassigen Kunstsammlung erlaubt.

GALLERIA BORGHESE 11 ★ E4

Obgleich die Adelsfamilie Borghese etliche ihrer Kunstwerke an Napoleon verkaufte, ist das Museum noch immer eine der bedeutendsten Privatsammlungen Italiens. Gleich im ersten Saal fesselt ein Fußbodenmosaik mit Gladiatoren und wilden Tieren den Blick. Canovas marmorne »Liegende Venus« zeigt Paolina Borghese, die schöne Schwester Napoleons und unglückliche Gattin Camillo Borgheses, deren Eskapaden das aristokratische Rom zu Beginn des 19. Jhs. in Atem hielten. Ansonsten steht das Erdgeschoss des ehemaligen Casino nobile ganz im Zeichen der Barockskulpturen Berninis. Einige Frühwerke Caravaggios geben einen Vorgeschmack auf die berühmte **Pinakothek** im ersten Stock. Raffaels **Grablegung Christi** und sein **Männerbildnis** gehören ebenso zu den Höhepunkten wie die Gemälde Antonello da Messinas, Giovanni Bellinis, Rubens' **Grablegung** und Tizians **Himmlische und irdische Liebe** (Piazzale Scipione Borghese 5, http://galleriaborghese.beniculturali.it, Di–So 9–19 Uhr, 15 €, Ticketreservierung obligatorisch unter Tel. 063 28 10, http://gebart.it).

MUSEO CARLO BILOTTI 12 D4

In der ehemaligen Orangerie überrascht die Kunstsammlung, die der US-amerikanische Unternehmer Bilotti der Stadt vermachte, mit hochkarätigen De-Chirico-Gemälden. Außerdem werden Wechselausstellungen von Gegenwartskunst gezeigt (Viale Fiorello La Guardia 6, www.museocarlobilotti.it, Juni–Sept. Di bis Fr 13–19, Sa/So 10–19, Okt.–Mai Di–Fr 10–16, Sa/So 10–19 Uhr, Eintritt frei).

MUSEO CANONICA 13 D5

Wie eine mittelalterliche Burg erscheint das ehemalige Wohnhaus und Atelier des Bildhauers Pietro Canonica (1869–1959). Besucher erhalten neben einer Übersicht

Ein anrührendes etruskisches Kunstwerk ist der Sarkophag eines Ehepaares

über sein Werk tiefe Einsichten in den Schaffensprozess eines Künstlers (Viale Pietro Canonica 2, www.museocanonica.it, Juni–Sept. Di bis So 13–19, sonst Di–So 10 bis 16 Uhr, Eintritt frei).

BIOPARK 14 D/E4

Besonders Kinder lieben den naturnah und möglichst tiergerecht gestalteten **Bioparco** am Nordrand der Villa Borghese (Viale del Giardino Zoologico 1, www.bioparco.it, April–Okt. tgl. 9.30–18, sonst bis 17 Uhr, 16 €).

LA GALLERIA NAZIONALE 15 D4

Von der protzigen Fassade des Palazzo delle Belle Arti (1911) sollte man sich nicht abschrecken lassen. Die Nationalgalerie zeigt wichtige Werke italienischer Künstler aus dem 19./20. Jh. und gilt vor allem wegen ihrer umfangreichen **Futuristensammlung** als Topadresse. Im Museumscafé und -restaurant **Caffè delle Arti** (€–€€) kann man beim Espresso Mosaiken aus dem italienischen Pavillon der Weltausstellung 1900 in Paris bewundern. Die gut sortierte Buchhandlung des Museums verkauft auch geschmackvolle Kunstartikel (Viale delle Belle Arti 131, http://lagallerianazionale.com, Di–So 8.30–19.30 Uhr, 10 €).

ETRUSKISCHES NATIONALMUSEUM 16 9 C/D4

Das Etruskische Nationalmuseum (Museo Nazionale Etrusco) in der **Villa Giulia** liegt nordwestlich der Villa Borghese. Die 1550–1555 für Papst Julius III. erbaute Sommerresidenz dokumentierte die weltlichen Herrschaftsansprüche des Papsttums. Zu den Architekten zählten Vasari, Vignola und Bartolomeo Ammannati.

Unter den vielen großartigen Exponaten der weltweit bedeutendsten Sammlung etruskischer Kunst ragen der **Sarkophag eines liegenden Ehepaares**, der **Apoll von Veji**, die **Goldreliefs aus Pyrgi**, die sogenannte **Ficoronische Ciste**, eine Art antikes Beautycase, und ein vollständiger **etruskischer Kampfwagen** heraus. Unbedingt sehenswert ist auch die **Sammlung Castellani** mit griechischen Vasen und Schmuck. Im Garten steht die Rekonstruktion eines etruskischen Tempels (Piazzale di Villa Giulia 9, www.villagiulia.beniculturali.it, Di–So 8.30–19.30 Uhr, 8 €).

MUSEO NAZIONALE DELLE ARTI DEL XXI SECOLO (MAXXI) 17 D4

Im Nationalmuseum für Kunst des 21. Jhs., errichtet 2010 nach Entwürfen der britischen Stararchitektin Zaha Hadid, gibt es viel Platz für Gemälde, Fotografien und Installationen. Außerdem finden immer mehrere interessante Wechselausstellungen gleichzeitig statt. Als Publikumsmagneten erweisen sich dabei Themen aktueller Architektur, die anhand von Modellen, Skizzen, Bauplänen und Computeranimationen dargestellt werden (Via Guido Reni 4a, www.maxxi.art, Di/Mi, Fr–So 11–19, Do 11–22 Uhr, 12 €). › mehr S. 16 Punkt 24

TOUR 8

STILLE KIRCHEN, LEBENDIGER ESQUILIN

VERLAUF: S. Maria Maggiore > S. Prassede > Piazza Vittorio Emanuele II > S. Croce in Gerusalemme > S. Lorenzo fuori le Mura

KARTE: Seite 110
DAUER: 4–5 Std.
PRAKTISCHE HINWEISE:

- Santa Maria Maggiore erreicht man mit den Straßenbahnen 5 und 14, die Ⓜ Termini (A und B) ist nur knapp 300 m entfernt. San Lorenzo fuori le Mura liegt an den Straßenbahnlinien 3 und 19.
- Eine Stadtbesichtigung per Straßenbahn ermöglichen die Linien 19 und 3 mit Umstieg an der Porta Maggiore. Von der Piazza Risorgimento nahe Petersdom geht es mit der Linie 19 vorbei an Museo Etrusco, Galleria Nazionale, Universität La Sapienza und San Lorenzo fuori le Mura bis zur Porta Maggiore. Von da aus passiert die Linie 3 dann Santa Croce in Gerusalemme, Lateranbasilika, Kolosseum, Circo Massimo, Piramide Cestia und Porta Portese auf ihrer Strecke bis zum Bahnhof Trastevere.
- Die Fahrt kann während der Geltungsdauer des Fahrscheins (100 Min.) jederzeit unterbrochen werden.

TOUR-START: SANTA MARIA MAGGIORE 18 10 E7

Die populärste der vier römischen Papstbasiliken (Basilicae maiores) ist weithin sichtbar. Der 1377 errichtete **Glockenturm** gilt als höchster der Stadt. Laut Legende geht der Bau der Kirche auf das Schneewunder am 5. August 352 zurück. Zuvor war die Gottesmutter Papst Liberius und einem gläubigen Patrizierpaar im Traum erschienen. Sie versprach ihnen, für den Bau der Kirche an der Stelle, an der am Morgen Schnee läge, ihren Kinderwunsch zu erfüllen. > S. 58.

Besucher sollten der steinernen Mahnung »Silentium« (Schweigen) über dem Portal Beachtung schenken: Die Stille im Gotteshaus trägt wesentlich zur einzigartigen Atmosphäre bei. Während die Außenfassaden vom 16.–18. Jh. einschneidende Veränderungen erfuhren, beeindrucken im Inneren an Triumphbogen und Mittelschiffwänden frühchristliche Mosaike aus dem 5. Jh. Das Apsismosaik aus dem späten 13. Jh. zeigt Szenen aus Marias Leben. Auf einem Thron sitzend, wird sie von Jesus zur Königin des Himmels gekrönt. Die **Kassettendecke** ist Papst Alexander VI. Borgia (1492–1503) zu verdanken. Er ließ sie mit dem ersten Gold, das aus der Neuen Welt kam, überziehen. Ziel der Anbetung vieler Pilger sind die in der **Confessio** aufbewahrten Teile der Krippe Jesu. Die sehenswerte **Cappella Sistina** im rechten Querarm mit dem Grabmal von Papst Sixtus V. ist eine Arbeit von Domenico Fontana. Im linken

Die prachtvolle Papstbasilika Santa Maria Maggiore

Seitenarm wurde 1611 mit der **Cappella Paolina** der Gegenpart für Papst Paul V. realisiert. Große Verehrung genießt das Gnadenbild »Maria Salus Populi Romani« (»Maria, Heil des Römischen Volkes«) aus dem 13. Jh. Die **Cappella Sforziana** entwarf Michelangelo (Piazza di Santa Maria Maggiore, www.vatican.va, tgl. 7–18.45 Uhr).

Die Mariensäule auf dem Platz vor der Kirche besteht aus einer erhaltenen Säule der antiken Maxentiusbasilika.

SANTA PUDENZIANA 19 UND SANTA PRASSEDE 20 ★ E7

Oft übersehen, verdienen die den Senatorentöchtern Pudentiana und Praxedis geweihten Schwesterkirchen vor allem wegen ihres Mosaikschmucks Beachtung. Diese Kleinodien der römisch-byzantinischen Kirchenbaukunst gehen bis auf das 4. Jh. zurück.

Santa Pudenziana al Viminale steht auf den Fundamenten eines Palastes, in dem der spätantike Senator Pudens den Apostel Paulus beherbergt haben soll. Die Apsismosaiken aus dem 4. Jh. gehören zu den ältesten in Rom (Via Urbana 160, 8.30–12, 15–18 Uhr).

Dagegen birgt **Santa Prassede** mit der **Cappella San Zenone** den Höhepunkt byzantinischer Mosaikkunst in Rom. In einer weiteren Kapelle, die als »Paradiesgärtlein« bekannt ist, wird seit dem Kreuzzug von 1222/23 die Flagellantensäule als Reliquie aufbewahrt. Der Legende nach diente dieser Säulenstumpf als Ort der Geißelung Christi. Die Mosaikarbeiten in der für seine

Via Barberini
Pal. Barberini
S. Bernardo
Via XX. Sett.
V. delle Quattro Fontane
S. Maria degli Angeli
Terme di Diocleziano
Via Cernaia
Via Volturno
Via Solferino
P.za Indipendenza
P.za d. Repubblica
Repubblica
P.za dei Cinquecento
Termini
Stazione Termini
Nazionale
Viminale
Via A. Depretis
Pal.d. Esposizioni
Torino
Cavour
Via D. Manin
Principe
Filippo
Marsala
Giovanni
V. Castro Pretorio
P.za dell' Esquilino
START
8
19
18
20
Via Urbana
Cesare
Balbo
Milano
Via S. Maria Maggiore
Via Panisperna
Via dei Serpenti
Via Paolina
Storza
Via C. Alberto
Napoleone III
Via T. Mamiani
Amedeo
22
3
Piazza V. Emanuele II
Vittorio Emanuele II
21
4
Via Giov. Lanza
Via Statuto
Oppio
Merulana
V. Leopardi
Via Cavour
9
25
Via degli Annibaldi
Parco Traiano
Viale del Monte
MONTE ESQUILINO
Colle Oppio
26
V. Terme
Colosseo
Viale Domus Aurea
Mecenate
Via A. Poliziano
Via N. Machiavelli
P.za Dante
Via Emanuele Filiberto
Via Galileo Galilei
Via Labicana
Via di S. Giovanni in Laterano
P.za del Colosseo
Arco di Costantino
Via Celio Vibenna
Via Capo d'Africa
27
28
V.d. Querceti
SS. Marcellino e Pietro
Viale Manzoni
Tempio di Claudio
Via Claudia
V.d. SS. Quattro Coronati
Ospedale del Celio
S. Stefano Rotondo
Via di Villa Fonseca
Sanatorio Umberto I.
P.za S. Giovanni in Laterano
29
30
32
31
33
36
Clivo di Scauro
P.za S. Gregorio
37
MONTE CELIO
P.za della Navicella
35
34
Villa Celimontana
V.d. Navicella
Via dell' Amba Aradam

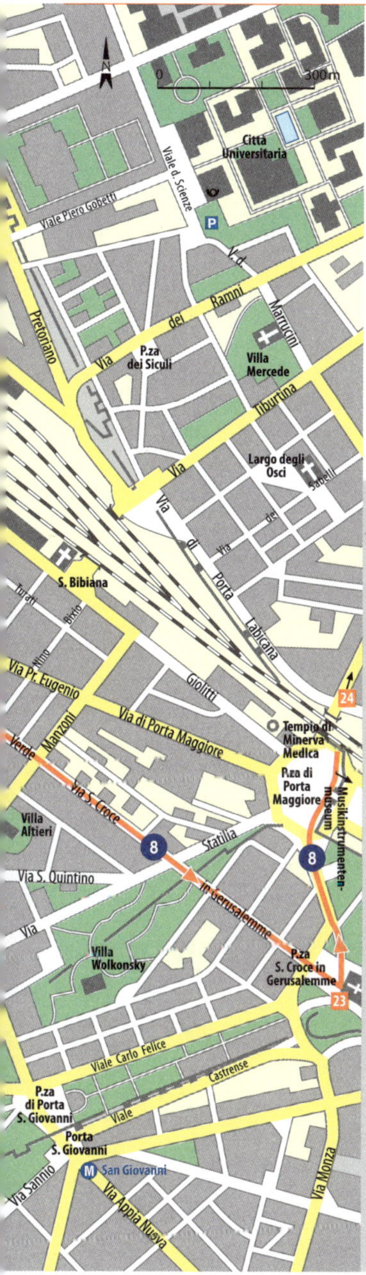

Mutter Theodora konzipierten Grabkapelle gab Papst Paschalis I. 822 in Auftrag. Theodora ist auf den Mosaiken neben Pudentiana und Praxedis leicht zu identifizieren: Sie trägt einen quadratischen blauen Heiligenschein, mit dem damals lebende getaufte Personen gekennzeichnet wurden. Der kreisrunde goldglänzende Nimbus war verstorbenen Märtyrern und Heiligen vorbehalten, der Kreuznimbus Christus. Damit drückte der Papst die Verehrung für seine Mutter aus, die

TOUREN ZWISCHEN PINCIO & CELIO

TOUR 8

STILLE KIRCHEN, LEBENDIGER ESQUILIN

18 Santa Maria Maggiore
19 Santa Pudenziana
20 Santa Prassede
21 Piazza Vittorio Emanuele II
22 Nuovo Mercato Esquilino
23 Santa Croce in Gerusalemme
24 San Lorenzo fuori le Mura

TOUR 9

VOM COLLE OPPIO AUF DEN CELIO

25 San Pietro in Vincoli
26 Domus Aurea
27 San Clemente
28 SS. Quattro Coronati
29 Scala Santa
30 Triclinium Leonianum
31 San Giovanni in Laterano
32 Lateranpalast
33 Baptisterium S. Giovanni in Fonte
34 Santo Stefano Rotondo
35 Santa Maria in Domnica
36 SS. Giovanni e Paolo
37 San Gregorio Magno

er gern noch zu Lebzeiten heiliggesprochen hätte. Im zentralen Apsismosaik ist Paschalis I. selbst mit diesem Nimbus markiert (Via Prassede 9 A, tgl. 7.30–12, 16–18.30 Uhr).

ZWISCHENSTOPP: RESTAURANT

Trattoria Monti ❸ €€–€€€ F7

Die Spezialitäten verraten die Herkunft der Besitzer aus den Marken. So Abend und Mo geschl.

- Via di San Vito 13/A | Monti
  Tel. 064 46 65 73
  www.facebook.com

PIAZZA VITTORIO EMANUELE II 21 F7

Nach der Ruhe der Kirchen bietet das quirlige Alltagstreiben in dem von Gründerzeitarchitektur geprägten Stadtviertel um die Piazza Vittorio Emanuele II. einen angenehmen Kontrast. Zwischen chinesischen Bekleidungsgeschäften, orientalischen Fast-Food-Läden und fliegenden Händlern tobt das Leben. Im zentral gelegenen Park treffen sich Schulkinder und Touristen, Rentner und Hausfrauen. In einer Ecke steht noch immer die Porta Magica mit ihrer rätselhaften lateinischen Inschrift, die man lange für eine geheime Formel zum Goldmachen hielt, aber nicht entschlüsseln konnte. Das Tor gehörte zum Anwesen des Marquis Massimiliano Palombara, der sich mit Alchemie beschäftigte.

ZWISCHENSTOPP: CAFÉ

Gatsby Café ❹ € F7

Kaffee, Tee und Drinks von morgens bis Mitternacht, abends oft Konzerte, Jazz, Swing oder Tango.

- Piazza Vittorio Emanuele II 106
  Monti | Tel. 06 69 33 96 26
  www.facebook.com/gatsbycafe

NUOVO MERCATO ESQUILINO 22 F7

Auf dem multikulturellen, äußerst lebhaften Markt in der ehemaligen Kaserne Pepe findet man frisches Obst und Gemüse, Fleisch und Fisch. Außerdem werden Kleidung, Schuhe und Lederwaren verkauft (Via Principe Amadeo 184, Mo, Mi/Do 5–15, Di, Fr/Sa bis 17 Uhr).

SANTA CROCE IN GERUSALEMME 23

Die Titularkirche wurde bereits im 4. Jh. von Kaiser Konstantin für die Kreuzesreliquien erbaut, die seine Mutter, die hl. Helena, mit nach Rom gebracht hatte. Eine antike Statue der Göttin Juno, deren Kopf und Arme ersetzt wurden, stellt sie dar (Cappella di Sant'Elena). Mitte des 18. Jhs. wurde der Sakralbau stark verändert und empfängt heute mit üppiger Barockfassade. Die Reliquien werden in einer Kapelle im linken Seitenschiff verwahrt (Piazza di Santa Croce in Gerusalemme 12, www.santacroceroma.it, tgl. 7 bis 12.45, 15.30–19.30 Uhr).

SAN LORENZO FUORI LE MURA 24

Im 4. Jh. von Kaiser Konstantin gestiftet, wurde die Basilika »vor den Mauern« im 13. Jh. um das heutige Langhaus erweitert. Christus ist im Mosaik auf dem Triumphbogen (6. Jh.) als Weltenherrscher zu sehen. Eindrucksvoll ist der Kreuzgang aus dem 12. Jh. (Piazzale del Verano 3, tgl. 7–12 und 16–19 Uhr).

An die Kirche, eine der sieben römischen Pilgerkirchen, grenzt der große Friedhof **Campo Verano,** auf dem neben der Literaturnobelpreisträgerin Grazia Deledda auch der Schauspieler Marcello Mastroianni bestattet liegt (Piazzale del Verano 1, April–Sept. tgl. 7.30–19, sonst 7.30–18 Uhr).

Anschließend lohnt ein Bummel durch das muntere Studentenviertel San Lorenzo mit einer Vielzahl von Bars und Restaurants.

TOUR 9

VOM COLLE OPPIO AUF DEN CELIO

VERLAUF: San Pietro in Vincoli › Colle Oppio › San Clemente › San Giovanni in Laterano › Santo Stefano Rotondo › Villa Celimontana › San Gregorio Magno

KARTE: Seite 110
DAUER: 4–5 Std.
PRAKTISCHE HINWEISE:

- Anfangs- und Endpunkt der Tour lassen sich mit der Metrolinie B (Ⓜ Cavour bzw. Ⓜ Circo Massimo) erreichen.
- Die Domus Aurea ist nur Sa/So 9–16.45 Uhr mit Führung (ital, engl., span.) zugänglich, nach Anmeldung unter Tel. 06 39 96 77 00 oder www.coopculture.it.

Der Moses in San Pietro in Vincoli

TOUR-START: SAN PIETRO IN VINCOLI 25 ★ E7

Den Namen »St. Peter in Ketten« verdankt die Kirche den Ketten in der Confessio, die an die zweifache Einkerkerung des Apostels Petrus (in Rom und Jerusalem) erinnern. Kunsthistorischer Höhepunkt ist Michelangelos **Moses.** Die Statue war als Mittelpunkt für das Grabmal Julius' II. gedacht. Michelangelo, der die Querelen um das Entstehen dieses alle Dimensionen sprengenden Werkes als »Tragödie seines Lebens« bezeichnete, soll in einem Wutanfall das fast fertige Werk mit dem Hammer traktiert und dabei die Schramme auf dem rechten Knie verursacht haben. In der Sakristei begeistert Domenichinos **Befreiung Sankt Peters** (Piazza di San Pietro in Vincoli 4/A, April bis Sept. tgl. 8–12.30, 15–19, sonst bis 18 Uhr). › mehr S. 16 Punkt 26

DOMUS AUREA 26 ★ E7

Nach dem Stadtbrand 64 n. Chr. ließ Nero auf dem Colle Oppio eine neue Residenz errichten. Der ca. 80 ha große Palastkomplex mit ausgedehnten Gärten umfasste auch den Palatin sowie das Tal zwischen den Hügeln. Doch Brände zerstörten die Pracht, und Neros Nachfolger ließen das Gelände aufschütten und mit Kolosseum, Titus- und Trajanthermen neu bebauen. Erst in der Renaissance wurden die Reste des seiner üppigen Vergoldungen wegen als »Goldenes Haus« bezeichneten Palastes auf dem Colle Oppio entdeckt. Künstler wie Michelangelo und Raffael waren fasziniert von den Schätzen, u. a. barg man hier die Laokoongruppe › S. 69. Heute profitieren Besucher von den Erkenntnissen der Archäolgen, die mittels VR-Brillen die Säle des Kaiserpalastes mit Fußbodenmosaiken, marmorverkleideten Wänden, Deckenmalereien und Skulpturenschmuck zu neuem Leben erwecken (Viale della Domus Aurea 1, http://colosseo.beniculturali.it, nur mit Führung nach Voranmeldung unter Tel. 06 39 96 77 00 oder www.coopculture.it, Sa/So 8.30–18.15 Uhr, 16 €).

SAN CLEMENTE 27 ★11 E8

San Clemente bietet auf engstem Raum eine Zeitreise zurück ins 1. Jh. n. Chr. Ganz unten befindet sich das antike Mithras-Heiligtum, darüber baute man 385 eine Basilika, die 1084 beim Normannensturm zerstört und auf deren Ruinen im 12. Jh. die heutige Kirche errichtet wurde.

Im Hauptschiff der Oberkirche greift das grandiose Apsismosaik aus der ersten Hälfte des 12. Jhs. das Thema des Lebensbaums auf (spiralförmig abzweigende Ranken und Blattwerk). Der Bischofsstuhl, von dem aus der Titularherr der Kirche einst ex cathedra die Bibel auslegte, stammt wie der Hochaltar (Ziborium) und die **Schola Cantorum** aus dem 12. Jh. (z. T. Mitte des 6. Jhs.). Auch der Kreuzgang besitzt elegante Fußbodenmosaiken der Cosmaten › S. 117. Das Kirchendach datiert ins 18. Jh. Von den Seitenkapellen sind die Rosenkranzkapelle, die Kapelle des hl. Cyrill und die **Katharinenkapelle** beachtenswert. Die Fresken werden dem Genie der Frührenaissance, Masolino da Panicale (1383–1440), zugeschrieben. Sie zeigen u. a. den rhetorischen Wettstreit über den christlichen Glauben zwischen der hl. Katharina und 50 heidnischen Philosophen.

Hinter dem rechten Seitenschiff steigt man zu den Resten der Basilika aus dem 4. Jh. hinunter. Am Eingang zur Unterkirche steht eine Gipskopie des **Mithrasaltars** aus dem sich anschließenden Mithräum › S. 115. Er zeigt Mithras, den aus dem Fels geborenen Sohn Apolls, bei der Tötung des Stiers. Eine weitere Treppe führt hinab in den ältesten Teil des Komplexes, das **Mithrasheiligtum.** Es wurde im 19. Jh. zusammen mit antiken öffentlichen Bauten und *insulae* (mehrstöckigen Mietshäusern) aus der Zeit Neros sowie dem Wohnhaus des Kirchennamenspatrons Clemente ausgegraben (Via di San Giovanni in Laterano

Goldglänzendes Apsismosaik in der Oberkirche von San Clemente

95, www.basilicasanclemente.com, Mo–Sa 9–12.30, 15–18, So, Fei 12 bis 18 Uhr, Ausgrabungen 10 €, Fotografier- und Filmverbot). › mehr S. 12 Punkt 1

MITHRASKULT

Der aus Persien stammende Mithraskult breitete sich fast zeitgleich mit dem Christentum südlich, später auch nördlich der Alpen aus. Er fand besonders im römischen Heer zahlreiche Anhänger. Der Mithraismus weist in einigen Elementen durchaus Ähnlichkeit mit der christlichen Lehre auf. Erst 391, als das Christentum unter Kaiser Theodosius I. zur Staatsreligion aufstieg, wurde der Mithraskult unter Androhung der Todesstrafe verboten.

SS. QUATTRO CORONATI 28 E8

Von Interesse im Kirchenbau des 4. und 12. Jhs. ist das **Oratorio di San Silvestro.** Die Fresken im Oratorium erinnern an Kaiser Konstantin und Papst Silvester I., der den erkrankten Potentaten geheilt haben soll. Als Dank, so die Legende, vermachte Konstantin dem Papst die Tiara, die dreistufige Krone als Herrschaftszeichen über Rom und das Weströmische Reich. Roms Päpste leiteten daraus ihr Nachfolgerecht auf die Kaiserkrönung ab; ein Streit, der Kriege heraufbeschwor und erst 1870 mit der Auflösung des Kirchenstaats endgültig beigelegt wurde (Via dei Santi Quattro 20, Mo–Sa 10–11.45, 16–17.45, So 16–17.45 Uhr, angeschlossenes Augustinerkloster So geschl., Aula Gotica: 9–18 Uhr jeweils zur vollen Stunde, http://www.aulagoticasantiquattrocoronati.it, 10 €).

LATERAN F8

Wie der Vatikan setzt sich auch der Lateran, vom 4. Jh. n. Chr. bis 1309 Sitz der Päpste, aus verschiedenen Gebäuden zusammen, der Heiligen Stiege, dem Baptisterium und Lateranpalast sowie der Basilika San Giovanni in Laterano. Der 31 m hohe **Obelisk** auf dem Lateransplatz wurde im 15. Jh. v. Chr. für den Amun-Tempel von Karnak gehauen und im 4. Jh. von den Römern an den Tiber verschifft. 1587 entdeckte man ihn, in drei Teile zerborsten, auf dem Gelände des Circus Maximus.

DIE SCHÖNSTEN MOSAIKEN

- Was für ein Auftakt: Die **Galleria Borghese** beeindruckt im 1. Saal mit einem Fußbodenmosaik, auf dem Gladiatoren- und Tierkämpfe zu bewundern sind. > S. 105
- Maria und Jesus auf Augenhöhe: Die mittelalterlichen Mosaiken in der Apsis von **Santa Maria Maggiore** verherrlichen die Krönung Mariä. > S. 108
- Steinchen für Steinchen wurde die **San-Zeno-Kapelle** der Kirche Santa Prassede im 9. Jh. im streng-byzantinischen Stil verziert – bizarr: Neben Theodora, der Mutter des Papstes Paschalis I., ist auch eine Bischöfin zu erkennen. > S. 109
- Absolutes Highlight: Das Apsismosaik in der Oberkirche von **San Clemente** stellt den »Triumph des Kreuzes« dar, umrankt von einem reich bebilderten Lebensbaum. > S. 114

SCALA SANTA 29 ★

Die Heilige Stiege, über die Jesus zu Pilatus emporgestiegen sein soll, stammt aus dem Jerusalemer Palast des römischen Statthalters und wurde von der hl. Helena nach Rom gebracht. Planken aus Nussbaumholz schützen die 28 Marmorstufen, die Gläubige auf ihren Knien erklimmen (Piazza di San Giovanni in Laterano 14, www.scala-santa.com, April–Sept. Mo–Sa 6–14, 15–19, So ab 7, Okt.–März bis 18.30 Uhr).

Zwei Aufgänge führen zur Privatkapelle des Papstes **Sancta Sanctorum** (Mo–Sa 9.30–12.40, 15–17 Uhr, 3,50 €).

TRICLINIUM LEONIANUM 30

Direkt hinter der Scala Santa ist links eine Apsis mit einem Mosaik zu sehen. Das Triclinium Leonianum gehörte zu einem umfangreichen Speisesaal des Laterans. Die Kopie des ursprünglichen Mosaiks zeigt Papst Leo III. und Karl den Großen mit dem quadratischen Heiligenschein der Lebenden.

SAN GIOVANNI IN LATERANO 31 ★

Das Hauptaugenmerk im Lateran gilt natürlich der Basilika San Giovanni in Laterano, die mit San Paolo fuori le Mura, San Pietro in Vaticano und Santa Maria Maggiore zu den vier hochrangigen Papstbasiliken (Basilicae maiores) Roms gehört. Zudem ist sie die Kathedrale Roms.

Auf dem konfiszierten Besitz der römischen Adelsfamilie Laterani von Kaiser Konstantin errichtet, darf sie sich seit 314 mit dem Titel »Haupt und Mutter aller Kirchen« schmücken. Über Jahrhunderte war San Giovanni in Laterano mit dem angrenzenden Lateranpalast der Sitz des Papstes und Schauplatz wichtigster Kirchendispute und bedeutsamer Konzile. Erstmals in der Spätantike wurde hier eine Kirche mit einem Querschiff über dem Grundriss eines Kreuzes errichtet. Unter den Nachfolgern Petri wurde San Giovanni häufig umgebaut: Papst Innozenz X. gab zum Heiligen Jahr 1650 Borromini den Auftrag, den Innenraum umzugestalten. Die prunkvolle **Fassade** mit der Statuenbalustrade wurde 1735 fertiggestellt. Sehenswert sind die fünf mächtigen **Portaltüren**. Von den zahlreichen Kunstwerken im Inneren seien erwähnt: das Giotto-Fresko mit der Ausrufung des 1. Pilgerjubiläums im Jahre 1300 durch Papst Bonifaz VIII. (1. Pilaster des rechten Seitenschiffs), die bronzene Grabplatte Martins V. in der Confessio sowie der marmorne Hauptaltar, in dem der hölzerne Altar enthalten ist, an dem bereits Petrus die Messe gelesen haben soll, außerdem Reliquien der Heiligen Petrus und Paulus im Altaraufbau (Ziborium; tgl. 7–18.30 Uhr).

Ein Ort der Stille und Besinnung ist der **Kreuzgang** (Chiostro), wie in San Paolo fuori le Mura › S. 123 ein Meisterwerk der Cosmaten. Die sog. Cosmaten waren im 12.–14. Jh. wegen ihrer Dekorationskunst, bei

San Giovanni in Laterano

der sie Goldpaste mit Intarsien aus Glas und Marmor mosaikartig zu immer neuen geometrischen, orientalisch wirkenden Mustern auf Fußböden und Wänden kombinierten, in ganz Europa gefragt. Sie stammten aus süditalienischen Familien, bei denen der Vorname Cosmas beliebt war (tgl. 9–18 Uhr, 2 €).
› mehr S. 16 Punkt 31

LATERANPALAST 32 ★

Der Lateranpalast ist seit den Lateranverträgen (1929) eine Exklave des Kirchenstaates. Den Bau, der unmittelbar an die Basilika grenzt, ließ Papst Sixtus V. im 16. Jh. errichten, den alten hatte er bis auf die Scala Santa abreißen lassen. Heute präsentiert hier das Museo Storico Vaticano die päpstlichen Gemächer, Kirchenschätze und eine Ausstellung zur Geschichte des Papsttums (Mo–Sa 10–17.30 Uhr, 4 €)

Karte S. 110

BAPTISTERIUM SAN GIOVANNI IN FONTE 33 ★

Kunst- und religionsgeschichtlich bedeutsam ist der achteckige Ziegelbau des Baptisteriums. Die wohl älteste Taufkirche der Christenheit steht auf den antiken Bädern der Laterani-Familie. Kaiser Konstantin ließ sie im 4. Jh. errichten; 1637 erhielt sie ihre Gestalt. Bemerkenswert sind die antiken Bronzetüren und frühmittelalterlichen Mosaiken (tgl. 7–12.30 und 16–19 Uhr).

SANTO STEFANO ROTONDO 34 E8

Das Gotteshaus entstand 476 n. Chr. nach dem Vorbild der von Konstantin in Jerusalem errichteten Grabeskirche, die den Baumeistern der Renaissance häufig als Vorbild diente. Als Attraktion gilt der »Todesreigen der Blutzeugen« (1582) von Niccolò Circignani und Matteo da Siena (Via di Santo Stefano Rotondo 7, Mai bis Sept. tgl. 10–13, 15.30–18.30, sonst 10–13 und 14.30–17.30 Uhr).

S. MARIA IN DOMNICA 35

Santa Maria in Domnica geht auf das frühe 9. Jh. zurück. Unter der Kirche werden Reste einer palastähnlichen Anlage vermutet, denn der Monte Celio war in der Antike eine beliebte Wohngegend des Hochadels. Neben dem Apsismosaik sind die Kassettendecke und Fresken (Anfang 16. Jh.) zu bewundern (Via della Navicella 10, www.santamariaindomnica.it, derzeit geschl.).

Von den Grünanlagen der **Villa Celimontana** links der Kirche bietet sich ein einmaliger Ausblick auf die Caracallathermen › S. 121.

SS. GIOVANNI E PAOLO 36 E8

Rechts führt das teils noch antike Lavasteinpflaster des Clivo di Scauro hinab zu SS. Giovanni e Paolo. Die um 400 n. Chr. errichtete Basilika wurde auf Betreiben von Kardinal Spellman in den 1950er-Jahren restauriert. Roms Brautpaare danken es dem New Yorker Erzbischof – SS. Giovanni e Paolo ist die beliebteste Hochzeitskirche der Stadt (Piazza dei Santi Giovanni e Paolo 13, tgl. 8.30–12, 15.30–18 Uhr).

Die Oberkirche ist barock, doch die Ausgrabungen darunter brachten eine Mixtur aus römischem Stadthaus, frühchristlicher Wohnstatt und mittelalterlichem Oratorium ans Licht. Das Wegelabyrinth durch die **Case Romane del Celio** führt vorbei an Fresken (2.–4. Jh.) mit heidnischen und christlichen Motiven in die frühe Geschichte Roms ein (Clivo di Scauro, Tel. 06 70 45 45 44, www.caseromane.it, Do–Mo 10–13, 15–18 Uhr, 8 €).

SAN GREGORIO MAGNO 37 E8

Die nach Papst Gregor dem Großen (590–604) benannte Kirche auf dem Celio steht am Ende dieser Tour. Gregor wandelte den Familienpalast in ein Kloster um. Sehenswert sind der Altar Gregors mit Bischofsstuhl sowie seine Mönchszelle. Hinter der Kirche erstreckt sich der Klosterfriedhof mit drei Kapellen, der zu Ehren von Santa Silvia, der Mutter Papst Gregors, aus dem 16. Jh., und den mittelalterlichen, dem hl. Andreas und der hl. Barbara geweihten (Piazza di San Gregorio 1, tgl. 9–13, 15.30–19.30 Uhr).

DER AVENTIN

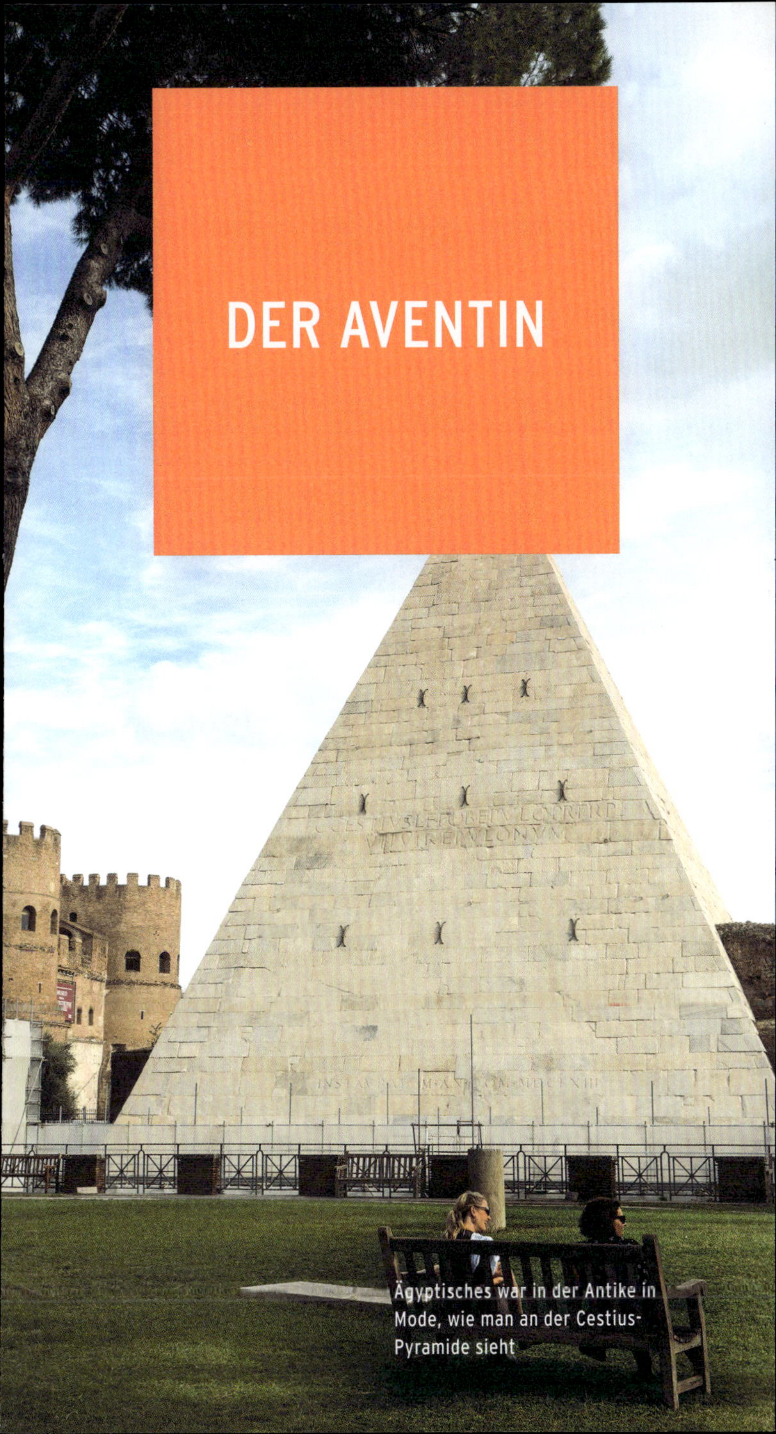

Ägyptisches war in der Antike in Mode, wie man an der Cestius-Pyramide sieht

Auf dem Hügel am Tiber gibt es schöne Kirchen, antike Baudenkmäler und idyllische Fleckchen im Grünen zu entdecken. Vor den Mauern der antiken Stadt werden frühere Industriegelände zu neuem Leben erweckt, nachts feiern hier Partygänger.

Der Aventin war in der Antike zunächst das Wohnviertel der Plebejer, doch in der Kaiserzeit siedelten sich zunehmend wohlhabende Bürger hier an. Sie schätzten die Nähe zum Tiber und zu den Kaiserresidenzen auf dem Palatin nördlich des Circus Maximus. Heutzutage versprechen der Rosengarten und der Friedhof der Nichtkatholiken im Schatten der Cestiuspyramide entspannende Ruhe, während reges Nachtleben ins angrenzende Viertel Testaccio lockt. Inzwischen hat sich die Kulturszene weiter südlich ausgedehnt – nach Ostiense jenseits der antiken Stadtmauern, das die von Cafés und Grünanlagen gesäumte Via Ostiense erschließt. Die einstigen Industriebetriebe und Großmarkthallen werden von Künstlern, Klubs und Museen genutzt. Kurz hinter dem markanten Gasometer beeindruckt das ehemalige Elektrizitätswerk als Zweigstelle der Kapitolinischen Museen. Die Tour endet schließlich weit draußen an der Pilgerkirche San Paolo fuori le Mura.

TOUR IM SÜDEN DER STADT

TOUR 10

VOM AVENTIN VOR DIE MAUERN

VERLAUF: San Saba > Caracallathermen > Circo Massimo > Santa Sabina > Piazza dei Cavalieri di Malta > Porta San Paolo > Cimitero Acattolico > San Paolo fuori le Mura

KARTE: Seite 122
DAUER: 4 Std.

PRAKTISCHE HINWEISE:

- San Saba ist von der Ⓜ Circo Massimo (Linie B) zu erreichen. Zu San Paolo fuori le Mura fahren die Metro B (Ⓜ Basilica S. Paolo) und der Bus 23.
- Rosengarten nur Mai–Mitte Juni.

TOUR-START: SAN SABA 1 D9

Der Piccolo Aventino, noch Anfang des 20. Jhs. Wohnquartier der Eisenbahner, ist heute ein vornehmes Viertel rund um San Saba, die Kirche der Basilianer (7. Jh.) mit mittelalterlichen Reliefs und Cosmatenfußboden › S. 117 (Piazza Bernini 20, Mo–Sa 8–12, 16–19, So, Fei 9.30 bis 13, 16–19.30 Uhr).

CARACALLA-THERMEN 2 ★ E9

Die von Caracalla errichtete Freizeitanlage (212–217) stand jedem freien Römer offen. Caldarium, Frigidarium, Bibliotheken, Sport-, Massage- und Ruheräume sowie Innenhöfe waren prunkvoll eingerichtet und reich mit Mosaiken und Marmor ausgestattet. Bereits bei Grabungen im 16. Jh., veranlasst durch Papst Paul III., wurden hier Skulpturen wie der Farnesische Stier und Herkules gefunden. Einzigartig war das Heizsystem (hypocaustum). Mittels VR-Brille können Besucher heute über die beeindruckenden Ruinen hinaus die ganze Pracht in ihrer Dreidimensionalität bewundern (Viale delle Terme di Caracalla 52, April–Aug. tgl. 9 bis 19.15, Sept. bis 19, Okt. bis 18.30, Nov.–Mitte Febr. bis 16.30, Mitte Febr.–März bis 17 Uhr, Onlinetickets www.coopculture.it, 8 €).

CIRCO MASSIMO 3 D8

Das antike Synonym für Brot und Spiele war der **Circus Maximus.** In der Talsenke, wo der legendäre Raub der Sabinerinnen stattgefunden haben soll, zeichnen sich die Umrisse der einst 600 × 200 m großen Wagenrennbahn ab. Wagenrennen waren im Römischen Reich sehr beliebt, bis zu 300 000 Zuschauer wetteten hier. Heute wird das Areal für Open-Air-Veranstaltungen oder zum Joggen genutzt.

In den Ruinen der Caracallathermen erklingen heute Konzerte

ROSETO 4 D8

Während der Rosenblüte zieht es Blumenliebhaber in den wunderschön duftenden Rosengarten (Via di Valle Murcia 6, ca. Ende April bis Mitte Juni tgl. 8.30–19.30 Uhr, Eintritt frei). › mehr S. 16 Punkt 30

SANTA SABINA 5 D8/9

An der Via Santa Sabina erhebt sich die gleichnamige Basilika, ein schöner Backsteinbau. Der Bildschmuck der Zypressenholztüren aus dem Jahr 425 n. Chr. beeindruckt. Beachtung verdienen die Kirchenfenster aus Selenit, transparentem Gips (tgl. 8.15–12.30, 15.30–18 Uhr).

Santa Sabina ist der Ursprungsort des Dominikanerordens. Im Kloster ist die Zelle des hl. Dominikus erhalten (Besichtigung nur auf Anfrage unter Mobil-Tel. 32 79 75 88 69). Der angrenzende Parco Sant'Alessio ist ein beliebter Treff für die Bewohner des Viertels. Der Blick über die Dächer der Stadt ist im milden Licht der Abendsonne besonders schön.

ORDINE DI MALTA 6 C/D9

Hier lässt sich eine ungewöhnliche Aussicht genießen: Durch das **Buco di Roma** genannte Schlüsselloch im Eingangsportal der Villa des Großmeisters des Malteserordens erspäht man die Kuppel des Peterdoms. (Piazza dei Cavalieri di Malta 4, Führung nur nach Anmeldung, Tel. 06 67 58 12 89).

Die Ende des 19. Jhs. erbaute neoromanische Kirche **Sant' Anselmo** 7, die an das gegenüberliegende Benediktinerseminar grenzt, ist eine populäre Hochzeitskirche (tgl. 9–18 Uhr).

PORTA SAN PAOLO 8 D9

Der hl. Paulus soll von der Porta San Paolo zu seiner Hinrichtungsstätte Tre Fontane › S. 135 gegangen sein. Im Torbogen dokumentiert das **Museo della Via Ostiense** die Geschichte der Straße von Rom nach Ostia (Di–So 9–13.30 Uhr, Eintritt frei).

PIRAMIDE DI CAIO CESTIO 9 D9/10

Im Parco della Resistenza lädt das Caffè du Parc mit Blick auf die 40 m hohe Pyramide zu einer kleinen Unterbrechung der Stadtbesichtigung ein. 12 v. Chr. ließ sich der römische Beamte Gaius Cestius das Grabmal im ägyptischen Stil errichten. Seit der Eroberung Ägyptens

31 v. Chr. war alles aus der neuen Kolonie zu Hause in Mode (Via Raffaele Persichetti, nur mit Führung auf Italienisch nach Anmeldung, Tel. 06 39 96 77 00, www.coopculture.it).

CIMITERO ACATTOLICO 10 ★ [C/D10

Auf dem Friedhof für Nichtkatholiken ruhen Ausländer, die sich um Rom verdient gemacht haben oder ihre letzten Jahre hier verbrachten: Keats und Shelley, Gottfried Semper oder Wilhelm von Humboldt. Für den Sohn August, der 1830 im Alter von 40 Jahren in Rom starb, wählte Goethe den Grabspruch: *Goethe filius patri antevertens* (»Goethes Sohn, dem Vater vorangehend«). Der Friedhof ist einer der stimmungsvollsten Orte der Stadt (Via Caio Cestio 6, Mo–Sa 9 bis 17, So, Fei 9–13 Uhr, im Aug. 2 Wo. geschl., www.cemeteryrome.it, Spende erwünscht).

DER AVENTIN

TOUR 10

VOM AVENTIN VOR DIE MAUERN

1 San Saba
2 Caracallathermen
3 Circo Massimo
4 Roseto
5 Santa Sabina
6 Ordine di Malta
7 Sant'Anselmo
8 Porta San Paolo
9 Cestiuspyramide
10 Cimitero Acattolico
11 Centrale Montemartini
12 San Paolo fuori le Mura

CENTRALE MONTEMARTINI 11 ★ D10

Als die Kapitolinischen Museen restauriert wurden, brachte man antike Skulpturen und Reliefs in das ehemalige Elektrizitätswerk. Das Nebeneinander von gusseisernen Turbinen und glatten Marmorkörpern fand beim Publikum so großen Anklang, dass die Kapitolinischen Museen die Jugendstilhalle als Zweigstelle beibehielten (Via Ostiense 106, Bus 23, www.centralemontemartini.org, Di–So 9–19 Uhr, 11 €).

SAN PAOLO FUORI LE MURA 12 ★

Sankt Paul vor den Mauern, eine der vier römischen Papstbasiliken, übertraf an Pracht sogar Alt-Sankt-Peter. Ihre Ursprünge gehen auf das 3. Jh. n. Chr. zurück, als über dem Grab des Apostels Paulus ein erstes Gotteshaus errichtet wurde. Der Brand vom 15./16. Juli 1823 zerstörte einen Großteil der einzigartigen Kunstwerke. Obwohl der Wiederaufbau vom Klassizismus geprägt ist, bewahrt die fünfschiffige Halle den Raumeindruck der spätantiken Kaiserbasiliken. Sehenswert sind der **Tabernakel** über dem Apostelgrab von Arnolfo di Cambio (13. Jh.), die 1070 entstandenen **Bronzetüren**, der marmorne **Osterleuchter** (Ende 12./Anfang 13. Jh.) und der **Kreuzgang** (1205 bis 41) von Pietro Vasalletto. Berühmt ist die Kirche für die Papstmedaillons, die alle Päpste seit Petrus zeigen (Viale Ostiense 184, www.basilicasanpaolo.org, tgl. 7–18.30 Uhr, Kreuzgang 8–18 Uhr, 4 €).

VOM SCHERBEN- ZUM SZENEVIERTEL – TESTACCIO

Im Viertel Testaccio um das ehemalige Schlachthaus (Ex Mattatoio) und den antiken Scherbenhügel Monte Testaccio im Süden der Stadt trifft sich die römische Kultur- und Nachtszene. Allabendlich strömen die Unermüdlichen hierher, um nach dem Abendessen in einer der vielen Trattorien in den Klubs noch einen Drink, Livekonzerte und DJSets zu genießen. Oft gibt es mehrere Dancefloors mit unterschiedlicher Musik. › **S. 42.** Am besten erreicht man den Stadtteil mit der Metro B (Ⓜ Piramide). Nachts fahren Busse von hier zurück ins Zentrum (Linien n9, n11).

RÖMISCHE KÜCHE IM SCHLACHTHOFVIERTEL

Rund um die **Piazza Testaccio,** wo in der Via Alessandro Volta vormittags ein Lebensmittel- und Kleidermarkt stattfindet, behauptet sich nach wie vor Roms *Popolo,* also die normale arbeitende Bevölkerung, wenn auch mit einem großen Anteil freischaffender Softwareentwickler und junger Start-Ups. In den typischen schlichten Trattorien kehren die Nachbarn ebenso ein wie Bewohner anderer Stadtteile, die die exzellente römische Küche schätzen. Es geht eng zu, im Sommer stehen Tische im Freien. Aber: Billig ist es nicht! › **mehr S. 14 Punkt ⓭**,

- **Checchino dal 1887** €€€ C10
  Einfache römische Küche auf höchstem Niveau – auch im Preis. So, Mo geschl.
  Via di Monte Testaccio 30
  Testaccio | Tel. 065 74 38 16
  www.checchino-dal-1887.com
- **Agustarello** €–€€ C9
  Römische Küche, z. B. Pasta all'amatriciana und Coda alla vaccinara.
  So und Mo abend sowie Aug. geschl.
  Via G. Branca 98/100 | Testaccio
  Tel. 065 74 65 85 | www.facebook.com/agustarellodal1957
- **Da Felice** € C9
  Einfaches Traditionslokal mit bester römischer Küche. So geschl.
  Via Mastro Giorgio 29 | Testaccio
  Tel. 065 74 68 00 | www.feliceatestaccio.it

ALLES UNTER EINEM DACH

Das frühere Schlachthaus (Ex Mattatoio) ist Roms aufregendste Bühne für eine lebendige Szenekultur. Goumetrestaurants und Biomarkt, Dritte-Welt- und Secondhandware, Perfomances, Kunst- und Musikveranstaltungen – die Auswahl ist riesig, die Atmosphäre alternativ und international. Die Gebäude werden von der Università Roma Tre ebenso genutzt wie vom Mattatoio, das wie das MACRO (www.museomacro.it) und der Palazzo delle Esposizioni (www.palazzoesposizioni.it) von Palaexpo betrieben wird und sich der zeitgenössischen Kunst widmet.

- **Città dell'Altra Economia** C9/10
  Largo Dino Frisullo
  Testaccio
  Tel. 065 75 82 72
  www.cittadellaltraeconomia.org

Im ehemaligen Schlachthof wird heute gegessen, gefeiert und studiert

- **Mattatoio** C9/10
  Piazza Orazio Giustiniani 4
  Testaccio | Tel. 06 39 96 75 00
  www.mattatoioroma.it
  Bei Ausstellungen Di–So 12.20–19.30 Uhr; Eintrittspreise wechselnd 6–12 €

MONTE TESTACCIO

Die in den Testaccio-Hügel hineingegrabenen Gewölbe, die ursprünglich als Lagerräume für Wein dienten, wurden in den 1990er-Jahren ausgebaut und zum Synonym für römisches Nachtleben. Doch die beste Zeit der hier ansässigen Bars und Klubs ist vorüber.

- **Alibi** C10
  Ein Klassiker für Klub- und Partynächte, im Sommer mit Terrasse. Do–Sa 23–4 Uhr.
  Via di Monte Testaccio 40/44
  Testaccio | Mobil-Tel. 32 03 54 11 85
  www.facebook.com/AlibiClubRoma
- **Radiolondra Page** C10
  Immer zeitgemäß begeistert dieser Klub mit Housemusik, auch Konzerte. Do–Sa 24–4 Uhr.
  Via di Monte Testaccio 67
  Testaccio | Tel. 065 74 79 04
  www.facebook.com/radiolondra.page

OSTIENSE

Südlich von Testaccio entdeckte die Szene aufgelassene Fabrik- und Industrieareale für sich. Besonders um die Via Libetta entstanden neue Locations wie die Klubs Goa › S. 42 und Rashomon › S. 43.

- **Circolo degli Illuminati**
  Drei Räume und ein Garten werden von diversen DJs bepielt, wechselnde Musikstile, vor allem Underground und Electronic, House, Hip Hop. Fr/Sa 23–6 Uhr
  Via Giuseppe Libetta 1 | Ostiense
  Mobil-Tel. 32 77 61 52 86
  www.facebook.com
- **Elegance Café** D10
  Stylish-eleganter Jazzklub mit Cocktailbar und Restaurant in der Nähe vom Bahnhof Ostiense. Di–So 22–2 Uhr, Mitte Juni–Mitte Sept. geschl.
  Via Francesco Carletti 5 | Ostiense
  Tel. 06 57 28 44 58 | www.elegancecafe.it

TRASTEVERE & GIANICOLO

Römischer Alltag in
den verwinkelten Gassen
von Trastevere

Das Viertel Trastevere besticht vor allem mit volkstümlichem Charme in mittelalterlich engen und verwinkelten Gassen, vielen guten Restaurants und Bars. Beim Spaziergang über den Gianicolo hingegen schweift der Blick weit über Stadt und Land.

Am westlichen Tiberufer hat sich Trastevere mit seinen mittelalterlich verwinkelten Straßen den malerischen Charme bewahrt. Kirchen wie Santa Maria in Trastevere setzen hier kunsthistorische Höhepunkte. Abends locken zahlreiche Trattorien und Kneipen zum Ausgehen. Oberhalb von Trastevere ragt der mit gut 80 m höchste römische Hügel empor, der Gianicolo. Hier faszinieren die Denkmäler für jene Männer, die sich um die italienische Einheit verdient gemacht haben, und hier überwältigt die grandiose Aussicht auf die Ewige Stadt.

TOUR DURCH TRASTEVERE

TOUR 11

BUMMEL DURCH TRASTEVERE

VERLAUF: Villa Farnesina > Piazza S. Maria in Trastevere > S. Cecilia in Trastevere > S. Francesco a Ripa

KARTE: Seite 128
DAUER: 3–4 Std.
PRAKTISCHE HINWEISE:

- Ausgangs- und Endpunkt der Tour lassen sich über Bushaltestellen am Lungotevere erreichen (23, 280 u. a.), S. Francesco a Ripa zudem mit der Straßenbahn 3.
- Viele Museen sind Mo, der Botanische Garten ist So/Mo geschlossen.

TOUR-START:
VILLA FARNESINA 1 ★ B7

Der Bankier Agostino Chigi hatte die Villa Anfang des 16. Jhs. von Baldassare Peruzzi errichten lassen. 1534 gelangte sie in den Besitz der Familie Farnese. Sehen Sie sich die **Sala delle Prospettive** im Obergeschoss an, in der die Perspektivmalerei erstmals Triumphe feierte. Im **Schlafzimmer** beeindruckt Sodomas Alexanderhochzeit, während Raffaels Geschichte von Amor und Psyche sowie der Triumphzug der Galatea in der **Gartengalerie** herausragen (Via della Lungara 230, www.villafarnesina.it, Mo–Sa 9–14 Uhr, 6 €).

PALAZZO CORSINI 2 B7

Der Palazzo aus dem 16. Jh. war Residenz der schwedischen Königin Christina, die 1655 zum Katholizis-

 Karte S. 128

mus konvertierte und in Rom einen bedeutenden Kreis von Künstlern und Humanisten um sich scharte. Die **Galleria Nazionale d'Arte Antica** zeigt im Palazzo Corsini europäische Malerei des 16. bis 18. Jhs. Glanzstück der Sammlung ist Anton van Dycks Madonna mit Kind (Via della Lungara 10, Tel. 68 80 23 23, www.barberinicorsini.org, Mi bis Mo 8.30–19 Uhr, obligatorisches Kombiticket mit Palazzo Barberini 12 €).

Für Pflanzenfreunde empfiehlt sich ein Besuch im **Orto Botanico** (Botanischer Garten) hinter dem Palazzo, angelegt für die älteste rö-

TOUREN DURCH TRASTEVERE & ÜBER DEN GIANICOLO

TOUR 11

BUMMEL DURCH TRASTEVERE

1 Villa Farnesina
2 Palazzo Corsini
3 Stadtmuseum Trastevere
4 Santa Maria in Trastevere
5 San Crisogono
6 Piazza Giuseppe Belli
7 Santa Cecilia in Trastevere
8 Complesso di San Michele a Ripa Grande
9 San Francesco a Ripa

TOUR 12

ZUM OSPEDALE DI SANTO SPIRITO

10 San Pietro in Montorio
11 Fontana dell'Acqua Paola
12 Porta San Pancrazio
13 Piazzale Garibaldi
14 Faro della Vittoria
15 Sant'Onofrio al Gianicolo
16 Ospedale di Santo Spirito

Lungotevere Tor di Nona
Via Zanardelli
Pal. Altemps
Via della Scrofa
S. Agostino
0 300 m
P.za di Montecitorio
P.za Colonna
Via dei Coronari
Corso Rinascimento
S. Luigi dei Francesi
Piazza Navona
PONTE PARIONE
V. Parione
Pal. Madama
P.za della Rotonda
V. Seminario
Pantheon
S. Ignazio
Via del Corso
Chiesa Nuova
S. Agnese in Agone
P.za S. Eustacchio
P.za S. Maria sopra Minerva
Corso Vittorio Emanuele
Pal. Braschi
Pal. d. Cancelleria
P.za S. Pantaleo
Pal. Massimo
Via del Pellegrino
Via B. Vecchi
Via di Monserrato
Via Giulia
Vitt. Emanuele
Argentina
Largo Argentina
S. Andrea d. Valle
Via d. Plebiscito
Il Gesù
P.za Campo dei Fiori
Campo de'Fiori
P.za Farnese
Palazzo Pio
Via Torre
Area Sacra Argentina
V. Botteghe Oscure
Palazzo Farnese
V. Giubbonari
Via Chiavari
Crypta Balbi
Lungotevere dei Tebaldi
Tevere
Lungotevere della Farnesina
START 11
Palazzo Spada
REGOLA
Via Arenula
Ponte Sisto
Lung. dei Vallati
Via Zoccolette
Teatro di Marcello
Lung. dei Cenci
V. Benedetta
Piazza Trilussa
Lung. R. Sanzio
Ponte Garibaldi
Isola Tiberina
Ospedale
Via d. Teatro di Marcello
Garibaldi
Via d. Scala
S. Maria della Scala
Via Pelliccia
Vicolo d. Piede
Lung. Pierleoni
S. Bartolomeo
Ponte Rotto
S. Egidio
P.za Sonnino
Lung. d. Anguillara
Ponte Palatino
Via della Lungaretta
P.za in Piscinula
P.za Bocca d. Verità
START 12
Via S. Gallicano
Via S. Francesco
S. M. d. Luce
Via Luciano Manara
Via dei Genovesi
Piazza Mastai
Via della Luce
Via Anicia
P.za di S. Cosimato
Monopoli di Stato
S. M. in Cappella
Lung. Ripa
TRASTEVERE
Via E. Morosini
Viale di Trastevere
Via a Ripa
Via G. Induno
Via di S. Michele
Porto di Ripa Grande
Lungotevere Aventino
Via Glorioso
Porta Portese
S. Sabina
Sant'Alessio
Ponte Sublicio
P.za d. Emporio
S M. del Priorato

Karte S. 128

Piazza Santa Maria in Trastevere

mische Universität La Sapienza (Largo Cristina di Svezia 24, April bis Okt. Mo–Sa 9–18.30, sonst bis 17.30 Uhr).

STADTMUSEUM TRASTEVERE 3 C8

Die Zweigstelle des Museo di Roma gewährt Einblick in den römischen Alltag des 19./20. Jh. (Piazza San Egidio 1/B, www.museodiromaintrastevere.it, Di–So 10–20 Uhr, 7,50 €).

SANTA MARIA IN TRASTEVERE 4 ★ C8

Bereits Mitte des 4. Jhs. wurde Santa Maria in Trastevere gegründet; sie gilt als älteste Marienkirche Roms. Die Hauptkirche Trasteveres erhielt ihre jetzige Gestalt im 12. Jh., die Vorhalle wurde 1702 errichtet. Die Apsismosaiken, um 1140 entstanden, zeigen Maria und Christus zwischen Heiligen und dem Stifter der Kirche, Papst Innozenz II. (tgl. 7.30–21 Uhr).

Schon in der Antike genoss der Brunnen auf dem Kirchplatz als Fons Olei (öliges Quellwasser) Berühmtheit. Carlo Fontana sorgte Ende des 17. Jhs. dafür, dass sich die Hygiene verbesserte.

SAN CRISOGONO 5 C8

Über die Via della Lungaretta geht es zur Piazza Sidney Sonnino mit der Kirche San Crisogono. Interessant sind im Inneren die Fußbodenmosaike und die größten Porphyrsäulen Roms (Mo–Sa 7–11.30, 16 bis 19.30, So 8–13, 16–19.30 Uhr).

An der Piazza steht auch die **Torre d'Anguillara,** ein Geschlechterturm aus dem 13. Jh.

MUSIKPATRONIN

Santa Cecilia ist Schutzpatronin der Kirchen- und Volksmusik. Der Stadtchronik nach wurde bei einer Graböffnung im Jahre 1599 der Leichnam der Heiligen nahezu unversehrt vorgefunden. Daher vermittelt die 1600 von Carlo Maderno (er war bei der Öffnung anwesend) geschaffene **Statue der liegenden Cäcilia** in der ihr geweihten Kirche durchaus eine gute Vorstellung vom Aussehen der antiken Dame. Es ist dabei dem Volksglauben keineswegs abträglich, dass es eine hl. Cäcilia nie gegeben hat und sie deswegen aus den offiziellen Heiligenverzeichnissen der katholischen Kirche gestrichen wurde.

PIAZZA GIUSEPPE BELLI 6 C8

Die nahe Piazza Giuseppe Belli ist nach dem »Poeten der kleinen Leute« (1791–1863) benannt, der seine Sonette im römischen Dialekt Romaneso verfasste. Steinern unbewegt schaut er auf das Alltagstreiben der Trasteveriner herab.

SANTA CECILIA IN TRASTEVERE 7 C8

Nach der Überquerung des Viale in Trastevere führt die Via della Lungaretta, gesäumt von Bars und Cafés, zur Piazza in Piscinula. Nicht weit davon steht Santa Cecilia in Trastevere, eine der beliebtesten Kirchen Roms. Papst Paschalis I. ließ die in den Kalixtus-Katakomben entdeckten Reliquien der hl. Cäcilia hierher bringen und den Bau prachtvoll ausschmücken. Neben den **Apsismosaiken** aus dem 9. Jh. lohnen die **Krypta** und vor allem der **Nonnenchor** des angeschlossenen Nonnenklosters mit dem 1293 entstandenen Fresko des Jüngsten Gerichts von Pietro Cavallini einen Besuch (Piazza di Santa Cecilia 22, Basilika und Krypta tgl. 10–13, 16–19, Fresken Mo–Sa 10–12.30 Uhr).

COMPLESSO DI SAN MICHELE A RIPA GRANDE 8 C8

In der Via di San Michele 22 steht das in 150 Jahren errichtete Ensemble Complesso di San Michele a Ripa Grande, Sitz einer Hochschule und einer Ministerialstelle. Es öffnet seine Pforten für Konzerte und Ausstellungen. Das Stadttor **Porta Portese** am Straßenende ist namensgebend für den bunten Flohmarkt, der hier jeden Sonntag 6–14 Uhr stattfindet. Neben Kleidung und Schuhen wird allerlei Krimskrams angeboten. > mehr S. 18 Punkt 40

SAN FRANCESCO A RIPA 9 C8

Die Franziskuskirche besitzt mit der »Verzückung der Beata Ludovica Albertoni« (1674) in der Capella Altieri ein Spätwerk Berninis (Piazza di San Francesco d'Assisi 88, www.sanfrancescoaripa.com, tgl. 7–13, 15–19.30 Uhr).

IM NÄCHTLICHEN ROM

- Unter Ihnen das leise glucksende Wasser und über Ihnen das Sternenzelt: Entdecken Sie Rom bei einer **Tiberschifffahrt.** > S. 28
- Zum Wohl: Den idealen Rahmen für ein Gläschen Wein bietet die **Piazza Sant'Eustachio.** C7
- Schon Goethe äußerte sich begeistert über das Panorama von der Aussichtsterrasse auf dem **Monte Pincio.** Der Sonnenuntergang taucht die Peterskirche in extra schönes Licht. > S. 95
- Hot Spot des abendlichen Corso ist die stimmungsvolle **Piazza Santa Maria in Trastevere.** Beobachten Sie das Treiben von den Stufen des Brunnens. > S. 130
- Fernab der Großstadt: Beim nächtlichen Bummel auf der **Passeggiata del Gianicolo** liegt Ihnen das gigantische Lichtermeer ganz Roms zu Füßen. > S. 133

ZWISCHENSTOPP: RESTAURANTS

Ivo a Trastevere ❶ € C8
Originelle Pizzavarianten. Nur abends, So auch mittags, Di geschl.

- Via di San Francesco a Ripa 158
  Trastevere
  Tel. 065 81 70 82
  http://ivoatrastevere.it

Ombre Rosse ❷ €€ B8
Gemütliches Restaurant mitten in Trastevere mit großer Auswahl auf der Weinkarte. Abends häufig mit Konzerten römischer Musiker.

- Piazza di Sant'Egidio 12/13
  Trastevere | Tel. 065 88 41 55
  http://ombrerosseintrastevere.it

TOUR ÜBER DEN GIANICOLO

TOUR 12

ZUM OSPEDALE DI SANTO SPIRITO

VERLAUF: San Pietro in Montorio > Piazzale Garibaldi > Passeggiata del Gianicolo > Ospedale Santo Spirito

KARTE: Seite 128
DAUER: 2 Std.
PRAKTISCHE HINWEISE:

- Zur Piazza San Pietro in Montorio bringt Sie die Straßenbahn 8.
- Das Ospedale San Spirito (Di, Do, Sa/So geschl.) an der Piazza Rovere ist mit Bussen zu errreichen (u. a. 23, 40, 280).

Der romantische Hügel, der sich am rechten Tiberufer von Trastevere bis zur Vatikanstadt erstreckt, hieß früher *Mons aureus*, Goldener Berg. Seine heutige Bezeichnung leitet sich vom doppelköpfigen Gott der Stadttore und Türschwellen, Janus, ab. Der Gianicolo lockt seit altersher junge Liebespaare zum nächtlichen Spaziergang – nicht allein wegen des Ausblicks, sondern auch wegen der dunklen Straßen …

TOUR-START: SAN PIETRO IN MONTORIO 10 ★ B8

Konvent und Kirche an der gleichnamigen Piazza gehen auf das 9. Jh. zurück. Dass der hl. Petrus hier gekreuzigt wurde, gehört ins Reich der frommen Legenden. Die um 1500 umgebaute Kirche beherbergt viele Kunstwerke. Im ersten der beiden Kreuzgänge steht das Meisterwerk Bramantes von 1502, das perfekt proportionierte kleine runde Tempelchen **Tempietto di Bramante.** Bernini dagegen gestaltete den Zugang zur Krypta (Piazza di San Pietro in Montorio 2, www.sanpietroinmontorio.it, Mo–Sa 8.30–12, 15 bis 16, So 8.30–12 Uhr).

FONTANA DELL'ACQUA PAOLA 11 B8

Wenn man den Gianicolo weiter hinaufsteigt, taucht bald die Fontana dell'Acqua Paola auf. Papst Paul V.

ließ hier das Aquädukt Trajans reaktivieren und mit barocker Pracht ausschmücken. Antike Triumphbögen standen Pate bei der Brunnenanlage, die zu den schönsten Roms zählt. Vorbei an der **Porta San Pancrazio** 12, die ab 1644 die Funktionen der Porta Aurelia übernahm, sind es nur noch wenige Schritte zur Aussichtsterrasse Piazzale Garibaldi.

PIAZZALE GARIBALDI 13 B7

Neben dem Panorama – bei klarer Sicht reicht der Blick bis zum Apennin und den Albaner Bergen – bietet das **Reiterstandbild Giuseppe Garibaldis** ein beliebtes Fotomotiv.

LEUCHTTURM (FARO DELLA VITTORIA) 14 B7

An der Piazza del Faro mit tollem Ausblick überragt seit 1911 der römische Leuchtturm die Stadt – ein Geschenk von nach Argentinien ausgewanderten Italienern.

SANT'ONOFRIO AL GIANICOLO 15 B7

Auf der 1880–1884 auf den Bastionen der Mauern Urbans VIII. angelegten Passeggiata del Gianicolo (auch Gianicolense) führt der Weg vorbei am Anfiteatro del Tasso, wo während der Estate Romana Theaterstücke und Filme gezeigt werden, zum Kloster Sant'Onofrio al Gianicolo. Sehenswert ist der Kreuzgang aus dem 15. Jh. Hier starb im April 1595 Roms unglücklicher Dichterfürst Torquato Tasso, dem Goethe sein gleichnamiges Schauspiel widmete. In der Kirche sind ihm zwei Monumente gewidmet; das kleine

Bramantes Tempietto

Museum im Kloster kann nach Voranmeldung besichtigt werden (Piazza di Sant'Onofrio 2, Kirche tgl. 7.30–13.30 Uhr, Aug. geschl.).

OSPEDALE DI SANTO SPIRITO 16 B6

Von Sant'Onofrio al Gianicolo führt die Salita Sant'Onofrio hinunter zur Piazza Della Rovere. Hier erwartet den Besucher ein Horrorladen aus der Medizingeschichte seit dem Mittelalter: Die **Accademia di Storia dell'Arte Sanitaria** bereitet ein schauriges Vergnügen und bietet als Museum einen Überblick über die Geschichte der Heilkunst und der langen Suche nach medizinischen Erkenntnissen (Lungotevere in Sassia 3, nach Anmeldung, Tel. 066 83 32 62, Mo, Mi, Fr 10–12 Uhr, 5 €).

AUSFLÜGE & EXTRA-TOUREN

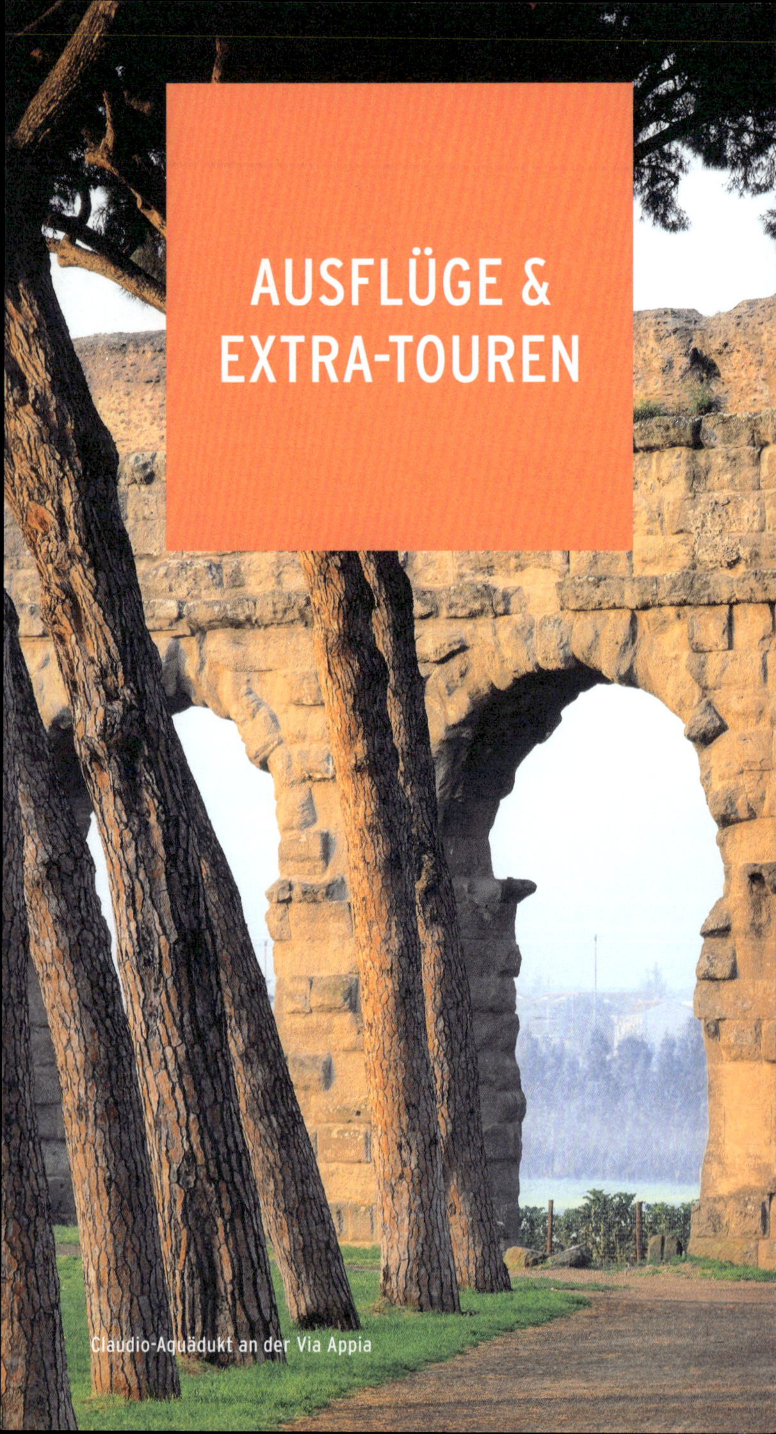

Claudio-Aquädukt an der Via Appia

AUSFLÜGE

EUR-VIERTEL UND KLOSTER TRE FONTANE

VERLAUF: Rom > EUR > Abbazia delle Tre Fontane > Rom

KARTE: Seite 141
DAUER: 1/2 Tag
PRAKTISCHER HINWEIS:
- Mit Metro B bis Ⓜ EUR-Fermi, dann Fußweg; www.eurspa.it

TOUR-START: EUR-VIERTEL 1

Mussolini wollte auf der für 1942 geplanten Weltausstellung mit dem EUR-Viertel im Süden Roms glänzen. Unter den faschistischen Monumentalbauten ragt der **Palazzo della Civiltà del Lavoro** heraus. Für die Olympischen Spiele 1960 erweiterte man das Stadtviertel u. a. mit dem **Palazzo dello Sport**, einem Rundbau mit einer 100 m weiten Kuppel, der heute für Konzerte genutzt wird. Den Niederlassungen von Behörden und Unternehmen folgten attraktive Restaurants, Imbisse, Einkaufs- und Freizeitmöglichkeiten. Einige Museen sind einen Besuch wert: das **Museo Preistorico Etnografico L. Pigorini** (Piazza G. Marconi 14), das **Museo dell'Alto Medioevo** (Museum des Hochmittelalters, Viale Lincoln 3, beide: www.museocivilta.beniculturali.it, Di–So 8–19 Uhr, 8 €) sowie das **Museo della Civiltà Romana** mit Exponaten aus frührömischer und klassischer Zeit. Hauptattraktion ist hier ein maßstabsgetreues Modell der antiken Stadt (Piazza G. Agnelli 10, www.museociviltaromana.it, zzt. geschl.). Hier gewährt auch das **Planetario** einen Blick in die Sterne (http://en.planetarioroma.it, zzt. geschl.).

ZWISCHENSTOPP: RESTAURANT

Tatà €–€€
Schnörkellos, gute Pizza und Pasta.
So geschl.
- Piazza Guglielmo Marconi 11 E.U.R. | Tel. 065 92 01 05 www.ristopizzeriatata.it

Roms bester Eissalon, **Giolitti**, hat eine Filiale am Viale Oceania 90.

ABBAZIA DELLE TRE FONTANE 2

1 km nordöstlich des EUR-Viertels liegt eine Oase der Ruhe. Der Sage nach wurde der hl. Paulus 67 n. Chr. hier enthauptet; drei Quellen seien an Stellen entsprungen, die der Kopf des Heiligen berührte. Französische Trappistenmönche kümmern sich um die drei Kirchen des Klosters (5./7./12. Jh.). Man kann unter Eukalyptusbäumen wandeln und Heilkräuter, Olivenöl, Salami und Schinken erwerben (Via di Acque Salvie 1, www.abbaziatrefontane.it, Klosterkirche Mo–Sa 6.30–12.30, 15–20.45 Uhr, andere Kirchen tgl. 8.30–12.30, 15–18 Uhr).

VIA APPIA ANTICA 3 ★

VERLAUF: Rom > Parco degli Scipioni > Porta San Sebastiano > Domine Quo Vadis? > Katakomben von San Callisto > Katakomben der Domitilla > San Sebastiano > Rom

KARTE: Seite 137
DAUER: 1/2 Tag
PRAKTISCHE HINWEISE:

- Ab Ⓜ Circo Massimo (B) Bus 118; ab Ⓜ S. Giovanni (A) Bus 218
- So, Fei ist die Via Appia Fußgängern und Radfahrern vorbehalten (9–18, Winter bis 17 Uhr). Fahrradverleih am Infopoint > **S. 140.**
- San Sebastiano So und Dez., San Callisto Mi und Febr., Domitilla Di und Jan./Febr., Mausoleo di Cecilia Metella Mo geschl.
- Die **Appia Antica Card** (10 €) gilt sieben Tage und berechtigt zum Besuch der Caracallathermen, des Grabmals der Cecilia Metella und der Villa dei Quintili.

TOUR-START:

Reisende der Antike benötigten für die exakt 365 römischen Meilen auf dem holprigen Pflaster der ältesten römischen Konsularstraße zwei lange Wochen. Wichtige Nachrichten gelangten durch ein ausgeklügeltes Informationssystem mit Lichtsignalen oder durch reitende Boten, die alle sieben bis zwölf Meilen die Pferde wechselten, in deutlich kürzerer Zeit nach Rom. Eine Kopie der 1. Meilensäule, kurz hinter der Porta San Sebastiano auf der rechten Seite, legt Zeugnis ab vom Baubeginn jener *Regina viarum* (Königin der Straßen, 312 v. Chr.). Ihren Namen verdankt die Via Appia dem ersten Bauherren, dem Zensor Appius Claudius. Sie führte zunächst schnurstracks Richtung Süden bis nach Capua. Um 190 v. Chr. wurde die Straße bis zum wichtigen Militärhafen Brundisium (Brindisi) in Apulien auf über 540 km verlängert.

PARCO DEGLI SCIPIONI A

Noch vor der Aurelianischen Mauer liegt der Parco degli Scipioni mit dem **Grab der Scipionen,** der Residenz des Kardinals Bessarion und dem **Kolumbarium des Pomponius Hylas** mit üppigen Wandmalereien (Via di Porta Latina 10, nach Voranmeldung unter Tel. 06 06 08; auf unbestimmte Zeit geschl.).

PORTA SAN SEBASTIANO B

Vorbei am Drususbogen, über den einst ein Aquädukt führte, gelangt man zum **Museo delle Mura** im antiken Wachturm der Porta San Sebastiano, die unter dem Namen Porta Appia das größte Tor der Aurelianischen Mauer war. Das Museum dokumentiert die Geschichte der römischen Stadtmauern. Dieser Teil, der am besten erhalten ist, hatte auch kultische Bedeutung. Er zeichnete die Umrisse eines Löwen nach. Durch den Bau wurde der erste Abschnitt der Via Appia zur innerstädtischen Straße, der heutigen Via di Porta San Sebastiano (Via di Porta San Sebastiano 18, www.museodellemuraroma.it, Di–So 9 bis 14 Uhr, Eintritt frei).

Karte S. 137

TOMBA DI GETA C UND TOMBA DI PRISCILLA D

Nach der Porta San Sebastiano tauchen die ersten Monumente an der Via Appia auf: die Marrana della Caffarella, ein Rinnsal, in dem Priesterinnen der Kybele die rituelle Waschung des Bildnisses der großen Muttergöttin, der Magna Mater, vollzogen; die **Tomba di Geta**, das Grab des jüngsten Sohnes des Septimus Severus, den sein Bruder Caracalla ermorden ließ; und die **Tomba di Priscilla**, ein großes Grabmal für die Ehefrau eines einflussreichen Römers.

KIRCHE DOMINE QUO VADIS? E

800 m hinter der Porta San Sebastiano steht das legendenumrankte Kirchlein Domine Quo Vadis? (»Herr, wohin gehst Du?«). Hier soll während der neronischen Christenverfolgungen Jesus auf der Flucht Petrus erschienen sein und ihn zur Umkehr zu seiner Gemeinde bewegt haben. In der Kirche soll der Abdruck eines Fußpaares auf einer Marmorplatte das Ereignis bezeugen. Tatsächlich handelt es sich bei der Kopie des Votivbildes um die Danksagung eines Reisenden, der seinen vermutlich keltischen Göttern nach glücklicher Ankunft auf diese Weise opferte (Via Appia Antica 51, tgl. 8–19.30 Uhr).

KATAKOMBEN VON SAN CALLISTO F 12

Sie waren im 3. Jh. die wichtigsten christlichen Begräbnisstätten Roms: Sechs heiliggesprochene Päpste fanden hier die letzte Ruhe. Der Sarg

A Parco degli Scipioni
B Porta San Sebastiano
C Tomba di Geta
D Tomba di Priscilla
E Domine Quo Vadis?
F Katakomben von San Callisto
G Katakomben der Domitilla
H Mausoleo Fosse Ardeatine
I Katakomben von San Sebastiano
J Grabmal der Cecilia Metella

Santa Cäcilias stand hier bis zum 9. Jh. Sehenswert sind die Krypta der Lucina und Wandmalereien mit Darstellungen aus der Liturgie der Urgemeinden. Grabkammern und Gänge der 12 000m² großen Anlage verteilen sich auf vier unterirdische Schichten. (Via Appia Antica 110, www.catacombe.roma.it, Do–Di 9–12, 14–17 Uhr, Febr. geschl., 8 €).

KATAKOMBEN DER DOMITILLA G

Der Friedhof an der Kreuzung zur Via delle Sette Chiese gehörte der aus kaiserlicher Familie stammenden Flavia Domitilla. Einen Besuch lohnen vor allem das Hypogäum der Flavier und die Basilika mit Gräbern der heiligen Nereus und Achilleus (Via delle Sette Chiese 282, www.domitilla.info, Mi–Mo 9–12, 14–17 Uhr, Dez./Jan. geschl., 8 €).

MAUSOLEO DELLE FOSSE ARDEATINE H

Die Gedenkstätte erinnert an die 335 Opfer, die am 24. März hier in den Ardeatinischen Höhlen von einem SS-Kommando erschossen wurden. Die 326 identifizierten toten Männer waren zum Teil politische Gefangene und Juden, der jüngste 14 Jahre alt. Das Massaker war eine Vergeltungsaßnahme der deutschen Besatzer für ein Bombenattentat, das eine römische Gruppe der Resistenza in der Nähe vom Palazzo Barberini am Vortag auf ein deutsches Regiment verübt hatte (Via Ardeatina 174, www.mausoleofosseardeatine.it, Mo–Fr 8.15–15.30 Uhr, Eintritt frei).

KATAKOMBEN UND BASILIKA SAN SEBASTIANO I

Weiter geht es zur Kirche und den Katakomben von San Sebastiano. Den altgriechischen Ursprung des Begriffs für unterirdische Grabstätten *(katá kymbos* = bei den Höhlen) hat römisches Küchenlatein zu *ad katakumbas* und der heutigen Bezeichnung gewandelt. In Rom finden sich viele weitere Katakomben. Die ältesten sind die Katakomben der Priscilla im Norden der Stadt.

In den vier Etagen der Katakomben beeindrucken vor allem die Wandzeichnungen und Ornamente sowie die unterirdischen Versammlungsstätten. Lange war die im 4. Jh. errichtete **Basilica di San Sebastiano** den Aposteln Petrus und Paulus geweiht, weil ihre Gebeine hier zeitweise ruhten (Memoria apostolorum). Später entschied man sich, die Kirche einem besonders qualvoll verstorbenen christlichen Märtyrer, dem unter Diokletian hingerichteten Legionär Sebastian, zu weihen. In der im 17. Jh. umgebauten, zu Roms sieben Titularkirchen zählenden Kirche lohnt ein Blick auf Berninis Statue des hl. Sebastian, der eher unfreiwillig zum Wegbereiter der modernen Kunst avancierte: Da er den Märtyrertod entblößt gestorben sein soll, konnten Künstler seinen Körper ohne Bedenken unbekleidet darstellen (Via Appia Antica 136, www.catacombe.org, Mo–Sa 10–17 Uhr, Dez. geschl., 8 €).

Nicht nur die Christen bestatteten damals ihre Toten in den Katakomben, sondern auch die Juden.

Eine entspannte Besichtigungstour im Schatten der Bäume auf der Via Appia

Gegenüber S. Sebastiano erstreckt sich das Tunnellabyrinth der **Jüdischen Katakomben** (Catacombe ebraiche di Vigna Randanini) des 2.–4. Jh. mit einem Synagogenraum (Via Appia Antica 119/A, Info und Anmeldung Tel. 06 68 80 68 97).

MAUSOLEO DI CECILIA METELLA J

Nach den Überresten des Circo di Massenzio, die sich hinter dem Grabmal des 309 verstorbenen Kaisersohnes Romulus befinden, folgt das Grabmal der 50 v. Chr. verstorbenen Cecilia Metella. Der 11 m hohe Travertinturm diente, wie die später applizierten Zinnen andeuten, eine Zeit lang als Festung (Via Appia Antica 161, www.parcoarcheologicoappiaantica.it, April–Sept. Di–So 9 bis 19, Okt. bis 18.30, Nov.–Mitte Febr. bis 16.30, Mitte Febr.–März bis 17 Uhr, 5 €).

3. BIS 5. MEILENSÄULE

80 m vor der **3. Meilensäule** und direkt neben dem Grabmal der Cecilia Metella steht die Kirche San Nicola, die den Himmel als Dach besitzt. In Höhe der **4. Meilensäule** befindet sich ein Grab, das Seneca zugeschrieben wird. Besonders beeindruckend sind jedoch die häufig profanen Inschriften und Grabreliefs an den Sarkophagen in Höhe der **5. Meilensäule** (bis zur Querstraße Via Tor Carbone). In Erinnerung bleiben sicher auch das Grab einer Isis-Priesterin, das restaurierte Grab der Rabirii und das sogenannte Girlandengrab.

Die Via Appia gibt nach der 5. Meilensäule erstmals ihre schnurgerade Richtung auf: Hier berührte der Wegverlauf die Gemeindegrenzen des alten Alba Longa, die nicht überschritten werden durften, ein religiöses wie politisches Tabu.

INFO

Info Point Parco Regionale dell'Appia Antica

Führungen & Fahrradverleih, auch Kinderräder (15 €/Tag). > **mehr S. 13 Punkt 8**

- Via Appia Antica 58 | Ardeatino
  Tel. 065 13 53 16
  www.infopointappia.it
  April–Okt. Mo–Fr 9.30–13, 14–17.30, Sa/So 9.30–18.30, sonst 9.30–13, 14–17, Sa/So 9.30–17 Uhr

ZWISCHENSTOPP: RESTAURANTS

Hostaria Antica Roma €€

Römische Gerichte in familiärer Atmosphäre und Toplage. Mo geschl.
Via Appia Antica 176 | Ardeatino
Tel. 065 13 28 88
www.hostariaanticaroma.it

Ristorante Cecilia Metella €€

Gute Landgaststätte. Mo geschl.

- Via Appia Antica 125 | Appio-Latino
  Tel. 065 12 67 69
  www.ceciliametella.it

OSTIA

VERLAUF: Rom > Ostia Antica > Lido di Ostia > Rom

KARTE: Seite 141
DAUER: 1 Tag
PRAKTISCHE HINWEISE:

- Mit dem Zug fährt man ab Stazione Ostiense bis Stazione Ostia Antica und weiter bis Lido Centro, mit dem Auto über Via Ostiense und Via del Mare (SS8).
- Die Ausgrabungen und das Museum Ostia Antica sind Mo geschl.

OSTIA ANTICA 4 ★

Die **Archäologische Zone Ostia Antica** bietet einen Überblick über die Alltagskultur der Antike. Paläste, vierstöckige Mietshäuser *(Insulae)* und Speicher, Tempel, Markthallen, Osterien wurden seit 1802 aus dem Tibersand gegraben.

Im 1. Jh. stieg die Stadt zum Zentrum der Lebensmittelversorgung Roms auf und hatte bis zu 75 000 Einwohner. Heute liegt die Ausgrabungsstätte knapp 6 km vom Meer entfernt. Eine Vorstellung des antiken Stadtgefüges vermittelt der Rundgang von der Porta Romana bis zum Forum (ca. 2,5 Std.). Interessierte können ihn bis zur Porta Marina fortsetzen (4 Std.).

An der Via delle Tombe sind Kolumbarien, die **Tomba degli Archetti** und interessante Gräber zu besichtigen. An der **Statue der Minerva Vittoria** beginnt der Decumanus Maximus, Ostias einstige Hauptstraße. Den **Terme dei Cisiarii** folgen die **Terme di Nettuno.** In der **Kaserne der Vigiles** waren etwa 400 Soldaten stationiert.

Das **Theater des Agrippa** wurde zur Zeit des Augustus errichtet. Den halbrunden Zuschauerraum umfassen zwei übereinanderliegende Säulenreihen.

Links vom **Haus des Apuleius** ist der Eingang zum Mithräum der sieben Himmel (Mitreo dei Sette Cieli), eines der 17 in Ostia gefundenen Mithrasheiligtümer aus dem 2. und 3. Jh. n. Chr.

In den **Grandi Horrea** befand sich einmal das größte kommerzielle Zentrum Ostias. Linker Hand zweigt die **Via della Casa di Diana** ab, eine antike Wohnstraße. Schanktische mit steinernen Versenkungen und Fresken, die Nahrungsmittel zeigen, lassen die Atmosphäre erahnen. Es folgt das auf drei Insulae verteilte **Caseggiato dei Dipinti** mit schönen Fresken und Mosaiken (»Monatsmosaik« aus dem 4. Jh.).

Eine Treppe führt zum **Archäologischen Museum** (Museo Ostiense), das im Casone del Sale (Salzhaus) aus dem 15. Jh. untergebracht ist Besondere Exponate sind der Sarkophag des Priesters der Kybele (3. Jh.), der Torso des Asklepios, ein Original aus hellenistischer Zeit, Bildnisse Trajans und Faustinas, der Gattin des Antoninus Pius.

Rechter Hand des Cardo Maximus ist das **Lapidarium** von Ostia im einstigen Kleinen Markt. **Kapitol** und **Forum** von Ostia befinden sich an der Kreuzung von Decumanus Maximus und Cardo Maximus.

In Höhe des Castrum zweigt der Decumanus Maximus nach Süden ab. An der nördlich weiterverlaufenden **Via della Foce** findet sich die **Area Sacra** aus republikanischer Zeit, deren Tempel bis ins 3. Jh. n. Chr. genutzt wurden. Das **Haus von Amor und Psyche** ist eines der besterhaltenen Gebäude.

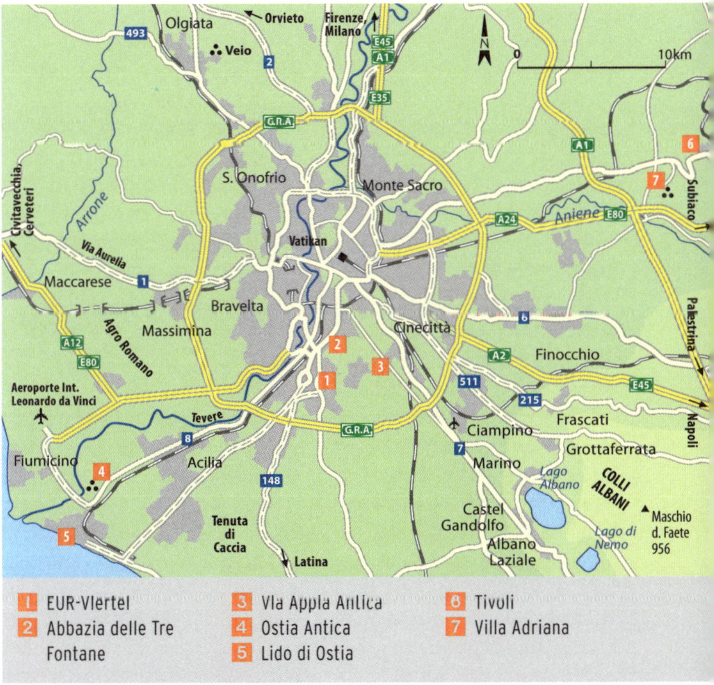

1 EUR-Viertel
2 Abbazia delle Tre Fontane
3 Via Appia Antica
4 Ostia Antica
5 Lido di Ostia
6 Tivoli
7 Villa Adriana

Im weiteren Verlauf der Via della Foce sind rechts vom Decumanus Maximus Reste einer frühchristlichen Basilika zu sehen, die **Insula delle Muse** (Mietshaus der Musen). Linker Hand steht die **Schule des Trajan**, die vermutlich Sitz der antiken Schiffsbauerzunft war.

Reste der **Jüdischen Synagoge** und vor allem die **Tavernen der Fischverkäufer** mit kunstvoll gestalteten Mosaiken bilden den Abschluss des Rundgangs. Auf dem Rückweg zum Eingang lohnt ein Blick auf das **Heiligtum der Kybele** und den **Tempel der Magna Mater,** der großen Göttermutter.

INFO

Archäologische Zone Ostia Antica

- Viale dei Romagnoli 717
  (Eingang Via del Mare)
  Tel. 06 56 35 80 99
  www.ostiaantica.beniculturali.it
  April–Aug. Di–So 8.30–19.15, Sept. bis 19, Okt. bis 18.30, Nov.–15. Febr. bis 16.30, 16. Febr.–März bis 17 Uhr; 10 €

LIDO DI OSTIA 5

Der **Lido di Ostia,** Naherholungsgebiet und Badewanne der Hauptstädter, erstreckt sich beiderseits der Tibermündung. Es locken mehr als 16 km Sandstrände, Gastronomie und alles, was Badeausflügler sonst noch zu ihrem Glück brauchen.

Ein gepflegter, 6 km langer heller Sandstrand ist in das Naturschutzgebiet **Castel Fusano** integriert (Zug Rom–Ostia bis zur Endstation Cristoforo Colombo, von dort in der Badesaison Busse zu den sieben Strandzugängen, den *cancelli).*

FKK-Anhänger haben kurz vor Torvaianica einen Strandabschnitt.

ZWISCHENSTOPP: RESTAURANT

La Capannina a Mare €€€

Das Restaurant am Meer serviert exzellente Fischgerichte.

- Lungomare Amerigo Vespucci 156
  00122 Lido di Ostia
  Tel. 06 56 47 01 43
  www.lacapannina.it

TIVOLI 6 ★

VERLAUF: Rom › Tivoli › Villa Adriana › Rom

KARTE: Seite 141
DAUER: 1 Tag
PRAKTISCHE HINWEISE:

- Mit dem Auto über A24 Richtung L'Aquila, Abfahrt Tivoli. Regionalbahn FR2 Roma Tiburtina–Tivoli in Tivoli: Largo Nazioni Unite; alle 30 Min. Bus zur Villa d'Este mit Abzweigung zur Villa Adriana. Mit Bus Tivoli über Via Prenestina direkt zur Villa Adriana.
- Die Villa Gregoriana ist teils Mo und Winter, Villa d'Este Mo. geschl.

Tivoli, Roms antiker Steinbruch, ist besonders im Sommer ein beliebtes Ausflugsziel. Neben der **Villa Gregoriana** (Largo Sant'Angelo, www.fondoambiente.it, März Di–So 10 bis 17, April–Juni tgl. 10–18.30, Juli/Aug. bis 20, Sept. bis 18.30, Okt. bis Mitte Dez. Di–So bis 16 Uhr, 7 €) mit dem 100 m herabstürzenden Wasserfall des Aniene-Flusses faszi-

In den idyllischen Gartenanlagen der Villa Adriana

nieren die Brunnen und Wasserspiele im Park der **Villa d'Este.** Die Spätrenaissancevilla des Kardinals Ippolito II d'Este diente im 19. Jh. vielen Künstlern als Motiv. Franz Liszt komponierte hier seine »Jeux d'eau à la Villa d'Este« (Piazza Trento 5, www.villadestetivoli.info, Mo ab 14, Di–So 8.30–19.45 Uhr, Gärten nur bis Sonnenuntergang, 10 €). › mehr S. 15 Punkt 22

Unterhalb von Tivoli, 1 km von der Via Tiburtina entfernt (Abzweigung), ließ sich Kaiser Hadrian mit der **Villa Adriana** 7 nach eigenen Plänen sein Imperium Romanum im Miniaturformat nachbilden. Welche Ausmaße der Sommersitz des Philosophen-Cäsaren besessen haben muss, belegt die hohe Anzahl von 5000 Sklaven, die in den unterirdischen Gängen für die Versorgung des Komplexes zuständig waren. Eindrucksvoll sind das romantische **Teatro marittimo,** der Rückzugsort des Kaisers auf einer künstlichen Insel, sowie **Canopus,** das dem gleichnamigen Tal bei Alexandria in Ägypten nachempfunden ist. Die Villa Adriana gehört wie die Villa d'Este zum UNESCO-Welterbe (Largo Marguerite Yourcenar 1, www.villaadriana.beniculturali.it, Mai–Aug. tgl. 8.30–19.30, April, Sept. bis 19, März, Okt. bis 18.30, Nov.–Jan. bis 17 Uhr, 10 €).

INFO

P.I.T. Ufficio Informazioni

- Piazzale Nazioni Unite | 00019 Tivoli
  Tel. 07 74 31 35 36
  www.visittivoli.eu

ZWISCHENSTOPP: RESTAURANT

Il Ciocco €€

Mit Blick auf den verwunschenen Garten der Villa Gregoriana. Mo nur abends.

- Via Ponte Gregoriano 33 | 00019 Tivoli
  Tel. 07 74 33 34 82
  www.ristoranteilciocco.com

EXTRA-TOUREN

TOUR 13

EIN WOCHENENDE IN DER EWIGEN STADT

VERLAUF: FREITAG: Spanische Treppe > Trevibrunnen > Pantheon > Piazza Navona > Campo de' Fiori **SAMSTAG:** Kolosseum > Palatin > Forum Romanum > Kapitolinische Museen > Tiberinsel > Trastevere **SONNTAG:** Porta Portese > Engelsbrücke > Engelsburg > Peterskirche > Villa Borghese > Via Veneto

KARTE: siehe Faltkarte
DAUER: 2 1/2 Tage
VERKEHRSMITTEL: An der Stazione Termini kreuzen sich die beiden Metro-, verschiedene Bus- und Straßenbahnlinien. Im Zentrum leisten die Elektrobuslinien 116 und 117 gute Dienste. Sonntags ist der Busverkehr eingeschränkt, viele Restaurants haben geschlossen. Kombiticket für Kolosseum, Palatin und Forum Romanum > S. 153. Ticketvorbestellung obligatorisch für Galleria Borghese > S. 105.

Ein Wochenende in Rom ist ideal, um einen ersten, schon sehr aufschlussreichen Eindruck von der Ewigen Stadt zu bekommen.

Beginnen Sie am **FREITAGNACHMITTAG** zur Einstimmung mit der bei Touristen und Römern gleichermaßen beliebten **Spanischen Treppe** > S. 96 (Metro A, Ⓜ Spagna) und bummeln Sie durch die Einkaufsstraßen in der unmittelbaren Umgebung. Zwischendrin gönnen Sie sich eine Pause im **Babington's** > S. 97. Anschließend geht es zum barocken **Trevibrunnen** > S. 97 und weiter zur **Piazza Colonna** > S. 92 mit der **Grabsäule des Mark Aurel.** Ebenso überwältigend wie die große Auswahl an Eis bei Giolitti in der nahen Via Uffici del Vicario ist der Besuch im antiken **Pantheon** > S. 87. Gleich um die Ecke markiert Berninis Elefanten-Obelisk den Standort der gotischen Kirche **S. Maria sopra Minerva** > S. 86, nur eines von vielen Beispielen der gelungenen römischen Symbiose von Alt und Neu. Sie werden von der italienischen Metropole spätestens dann vollends verzaubert sein, wenn sich im Herzen der Altstadt das Oval der **Piazza Navona** > S. 83 öffnet. Nach einem Aperitif unter freiem Himmel beschließt man den Tag bei einem stimmungsvollen Abendessen am **Campo de' Fiori** > S. 90, einige Schritte weiter südlich.

Der SAMSTAG steht ganz im Zeichen des untergegangenen römischen Imperiums. Zunächst steuert man das gewaltige **Kolosseum** › S. 82 (Metro B, Ⓜ Colosseo) an. Sehr eindrucksvoll sind auch die Ruinen antiker Villen, Tempel und Staatsbauten auf dem benachbarten **Palatin** > S. 81 und dem **Forum Romanum** › S. 78. Anschließend steigt man hinauf zum **Kapitol**, auf dem sich die **Piazza del Campidoglio** › S. 75 nach Michelangelos Plänen im Stil der Renaissance präsentiert. Das Original des Reiterstandbildes von Mark Aurel, das die Platzmitte beherrscht, ist in den **Kapitolinischen Museen** › S. 76 zu bewundern. Das Museumscafé bietet köstliche Snacks und einen unvergleichlichen Blick über die Ruinenlandschaft.

Die Cordonata, Michelangelos geniale Treppenanlage, geleitet vom Hügel hinunter. Mittelalterliche Straßenzüge führen durch das ehemalige jüdische Ghetto, vorbei an der **Großen Synagoge** › S. 89 zum Tiber. Brücken verbinden die **Tiberinsel** › S. 88 mit den Flussufern. Als Wegzehrung für die abendliche Passegiata durch das volkstümliche Stadtviertel **Trastevere** › S. 127 sollten Sie sich an der Ponte Cestio eine erfrischende *grattacecca* kaufen, die römische Variante der Granita. › mehr S. 15 Punkt ⓰ Damit schlendern Sie zur belebten Piazza S. Maria in Trastevere. Entweder lassen Sie den Tag in einer der guten Trattorien mit römischer Küche ausklingen oder Sie ziehen, wenn die Füße noch mitmachen, später weiter in die Nacht nach **Testaccio** und **Ostiense** › S. 124, zum Tanzen, bis der Tag dämmert.

Der Mohrenbrunnen am südlichen Ende der Piazza Navona

Am SONNTAGVORMITTAG stöbern Sie auf dem Flohmarkt an der **Porta Portese** › S. 131 herum. Entweder Sie nehmen dann den Bus Nr. 23 am Tiber entlang bis zur Ponte Vittorio Emanuele II oder Sie schippern mit dem Schiff von der Anlegestelle Calata Anguillara (Tiberinsel) bis zur **Engelsbrücke.** An ihrem nördlichen Ende ragt die **Engelsburg** › S. 72 empor. Nun folgt man den Pilgermassen über die Via della Conciliazione zum **Petersplatz** › S. 64. Zum Besuch der **Peterskirche** › S. 65 gehört unbedingt der Aufstieg in die Kuppel. Die **Vatikanischen Museen** › S. 69 mit der Sixtinischen Kapelle merken Sie sich für den nächsten Besuch vor.

Im **Ristorante La Soffitta Renovatio** › S. 71 kann man etwas essen, bevor man mit der Straßenbahn 19 zum **Etruskischen Nationalmuseum** in der Villa Giulia › S. 107 zuckelt. Weiter geht es dann in die Grünanlagen der Villa Borghese › S. 105. Dort stehen gleich mehrere Museen zur Auswahl, absolutes Muss ist die **Galleria Borghese** › S. 105, die mit Skulpturen Berninis sowie mit Gemälden von Caravaggio, Raffael, Rubens, Tizian u. a. glänzt. An den südöstlichen Parkausgang schließt sich die platanengesäumte **Via Vittorio Veneto** › S. 105 an. Sie erinnert an »das süße Leben« in den 1960er-Jahren. Bei einem Drink auf der Dachterrasse des Hotels Eden › S. 29 können Sie das Wochenende mit Blick über Rom Revue passieren lassen.

TOUR 14

AUF PILGERPFADEN DURCH ROM – DIE RÖMISCHEN HAUPTKIRCHEN

VERLAUF: Peterskirche › San Paolo fuori le Mura › San Sebastiano alle Catacombe › San Giovanni in Laterano › Santa Croce in Gerusalemme › San Lorenzo fuori le Mura › Santa Maria Maggiore

KARTE: siehe Faltkarte

DAUER: **Peterskirche** › **San Paolo fuori le Mura** Bus 23 ab Piazza Risorgimento bis Basilica San Paolo, ca. 30 Min.; **San Paolo fuori le Mura** › **San Sebastiano alla Catacombe** 1 Std. Fußweg oder Metro B (Ⓜ Basilica S. Paolo bis Ⓜ Circo Massimo) und Bus 118 (Appia/Villa dei Quintili) bis Basilica S. Sebastiano, 40 Min.; **San Sebastiano alle Catacombe** › **San Giovanni in Laterano** Bus 218 (Porta S. Giovanni), 20 Min.; **San Giovanni in Laterano** › **Santa Croce in Gerusalemme** ca. 15 Min. Fußweg; **Santa Croce in Gerusalemme** › **San Lorenzo fuori le Mura** Straßenbahn 3 (Thorvaldsen), 15 Min.; **San Lorenzo fuori le Mura** › **Santa Maria Maggiore** ca. 30 Min. Fußweg oder Bus 71 (S. Silvestro), 15 Min.

VERKEHRSMITTEL: Start und Ziel der Tagestour sind mit der Metro A (Ⓜ Ottaviano/San Pietro bzw. Ⓜ Vittorio Emanuele) erreichbar. Auch die Strecken zwischen den Kirchen sind mit öffentlichen Verkehrsmitteln gut zu bewältigen. Außerdem zu empfehlen: die Touristenbuslinie Roma Cristiana (> **S. 28**; fährt nicht zu San Sebastiano, San Lorenzo). San Sebastiano alle Catacombe tgl. 13–14 Uhr geschl.; San Lorenzo tgl. 12.30–16 Uhr geschl.!

Zu den sieben Pilgerkirchen zählen neben den vier Papstbasiliken (Peterskirche, San Paolo fuori le Mura, San Giovanni in Laterano, Santa Maria Maggiore) auch San Lorenzo fuori le Mura, San Sebastiano alle Catacombe und Santa Croce in Gerusalemme. Sie ziehen Wallfahrer ebenso wie Kunstliebhaber an, denn ihre wertvolle Ausstattung entspricht ihrer kirchengeschichtlichen wie religiösen Bedeutung. Ihre Entstehung reicht zurück in die Zeit Kaiser Konstantins, der den Christen nach einer Traumerscheinung vor der entscheidenden Schlacht um die Alleinherrschaft 313 n. Chr. Glaubensfreiheit gewährt hatte. Der hl. Filippo Neri machte die Tour zu den sieben Kirchen im 16. Jh. populär. Pilger absolvieren die Strecke innerhalb eines Tages zu Fuß, um Ablass von all ihren Sünden zu erlangen. Alle anderen dürfen den Nahverkehr zu Hilfe nehmen, dann bleibt noch Zeit für einen Abstecher zur Jubiläumskirche > unten.

Brechen Sie morgens beizeiten zur **Peterskirche** > S. 65 (San Pietro in Vaticano) auf, um Warteschlangen zu vermeiden. Die 15 160 m² große Kirche erhebt sich über dem legendären Märtyrergrab des Apostels Petrus. Er und der hl. Paulus machen Rom zum Zentrum der katholischen Welt; beide werden als Stadtpatrone verehrt. Religiöses Zentrum der Basilica maior ist der Papstaltar über dem Apostelgrab, an dem nur der Papst eine Messe lesen darf. Anschließend geht es, am besten per Bus, zur Kirche **San Paolo fuori le Mura** > S. 123. Wie bei den anderen Papstbasiliken gibt es auch hier eine Heilige Pforte (rechts) und einen für Papstmessen reservierten Hochaltar.

JUBILÄUMSKIRCHE

Luftig und lichtdurchflutet präsentiert sich die Jubiläumskirche Chiesa del Dio Padre Misericordioso, die anlässlich des Heiligen Jahres 2000 von Richard Meier 1998–2003 an der Via Francesco Tovaglieri in Tor Tre Teste, einer Wohnsiedlung im Osten Roms, errichtet wurde. Die außerordentliche Architektur lohnt die umständliche Anfahrt von Santa Maria Maggiore mit der Straßenbahn 14 bis Togliatti und dem Bus 556 von Molfetta bis Tovaglieri/Ermoli (Largo Terzo Millennio 89, www.diopadremisericordioso.it, tgl. 7.30 bis 12.30, 15.30–19.30 Uhr).

Auf dem Petersplatz, im Zentrum des Vatikans

Darunter soll sich die Grabstelle des Apostels Paulus befinden. Medaillons zeigen alle Päpste seit Petrus. Der Volksmund behauptet, dass die Welt untergeht, wenn kein Platz mehr für neue Bildnisse zur Verfügung steht.

Zahlreiche Märtyrergräber bergen die **Katakomben** unter der Pilgerkirche **San Sebastiano** › S. 138 an der Via Appia Antica, die über die Via delle 7 Chiese zu erreichen ist. Die Kirche wurde im 4. Jh. erbaut, erhielt jedoch ihre heutige Fassade zu Beginn des 17. Jhs. Zu den vielen Opfern der Christenverfolgung unter Kaiser Diokletian gehörte auch der von Pfeilen durchbohrte hl. Sebastian, dessen Grabmal links in der ersten Seitenkapelle zu sehen ist. In der Mittagszeit bleiben die Tore geschlossen, aber die Via Appia eignet sich hervorragend für eine Pause. Wer früh genug dran ist, sollte die Tour aber fortsetzen und später um den Lateran herum zu Mittag essen.

Eine Busfahrt erspart den langen Fußmarsch zur Papstbasilika **San Giovanni in Laterano** › S. 116. Die anfangs Christus dem Erlöser, später Johannes dem Täufer und Johannes dem Evangelisten geweihte Lateranbasilika ist die Kathedrale des Papstes als Bischof von Rom und das wichtigste Gotteshaus der Stadt. Blickfang ist das Ziborium über dem Papstaltar, das angeblich die Häupter von Petrus und Paulus birgt.

Die Pilgerkirche **Santa Croce in Gerusalemme** › S. 112 verdankt ihre Errichtung Kaiser Konstantins Mutter, der hl. Helena, die aus Jerusalem ein Stück Holz vom Kreuz Christi mitbrachte. Vor der Kirche fährt die Straßenbahn zur Basilika **San Lorenzo fuori le Mura** › S. 112. Sie wurde über dem Grab des hl. Laurentius in der Krypta erbaut. Interesse weckt die durchlöcherte Marmortafel, die angeblich den Rost hielt, auf dem der Heilige zu Zeiten Kaiser Valerians gemartert wurde. Das Gotteshaus liegt abseits touristischer Pfade, sodass man hier am ehesten Ruhe findet und über die Märtyrer sinnieren kann, die ihr Leben für einen Glauben ließen.

Auch die siebte und letzte Station der Wallfahrt, **Santa Maria Maggiore** › S. 108, kann man mit dem Bus ansteuern. Die vielbesuchte Papstbasilika erinnert an das Schneewunder in der Nacht auf den 5. August 352, dem sie ihre Gründung verdankt, und an die im 5. Jh. aufblühende Verehrung Mariens als Mutter Jesu und Mutter Gottes.

TOUR 15

STARS UND PAPARAZZI – ROM ALS FILMKULISSE

VERLAUF: Villa Borghese › Via Veneto › Piazza Barberini › Fontana di Trevi › Piazza di Spagna › Piazza del Popolo › Petersplatz › Engelsburg › Piazza Navona › Piazza Mattei › Forum Romanum › Bocca della Verità › Porta Portese › Gianicolo

KARTE: siehe Faltkarte
DAUER: 1/2 Tag ohne Innenbesichtigungen (ca. 12 km Fußweg)
VERKEHRSMITTEL: Die beschriebene Halbtagestour beginnt oberhalb der Via Veneto, die von der Ⓜ Piazza Barberini (Linie A) zu erreichen ist. Die Porta Portese am Ende der Tour ist durch die Straßenbahn 3 an das öffentliche Verkehrsnetz angeschlossen. Bis auf eine kurze Metrofahrt (Linie A) zwischen Ⓜ Flaminio und Ⓜ Ottaviano/San Pietro sind Sie zu Fuß unterwegs.

Rom war und ist Inspiration und Kulisse, Wohn- und Arbeitsort vieler Produzenten, Regisseure und Schauspieler sowie Standort des größten europäischen Studiogeländes: Cinecittà. Auch wenn die großen Zeiten des italienischen Kinos (Fellini, Sandalenfilme und Italowestern) Geschichte sind, gehört die Stadt nach wie vor zu den beliebtesten internationalen Filmlocations.

Frühstücken Sie im **VyTa** (www.vytavillaborghese.it), das sich mit dem Filmmuseum (www.casadelcinema.it) ein Gebäude in der **Villa Borghese** › S. 105 teilt. Beim Ausgang an der Porta Pinciana erinnert der Largo Federico Fellini an den großen italienischen Regisseur, auf dessen Spuren Sie die **Via Vittorio Veneto** › S. 105 hinunterwandeln. Hier spielen Schlüsselszenen von Fellinis gesellschaftskritischem Meisterwerk »Das süße Leben« (La dolce vita, 1960). Im Café de Paris (Nr. 90) lauern die Protagonisten auf Prominente: der Journalist Marcello Rubini (Marcello Mastroianni) und der Fotograf Paparazzo (Walter Santesso), auf dessen Rollennamen das Wort »Paparazzo« zurückgeht. Im Hotel Excelsior (Nr. 125) verabschiedet sich Marcello nach dem Streifzug durchs nächtliche Rom von Anita Ekberg in der Rolle der Schauspielerin Sylvia. Die Via Veneto endet an der **Piazza**

DAS BESTE RUND UMS KINO

- **Festa del Cinema di Roma** C2/3
  Filmfest im Auditorium Parco della Musica. 10 Tage im Okt.
  Viale Pietro de Coubertin 30
  Flaminio | Tel. 06 80 24 12 81
  www.romacinemafest.it
- **Casa del Cinema** D5
  Programmkino mit Klassikern (OF) in der Villa Borghese.
  Largo Marcello Mastroianni 1
  Pinciano | Tel. 06 42 36 01
  www.casadelcinema.it
- **Cinema Nuovo Sacher** C8
  Arthousekino des engagierten Regisseurs Nanni Moretti.
  Largo Ascianghi 1 | Trastevere
  Tel. 065 81 81 16
  www.sacherfilm.eu
- **L'Isola del Cinema** C8
  Open-Air-Kino auf der Tiberinsel. Juni–Aug. tgl. ab 19 Uhr.
  Piazza San Bartolomeo | Ripa
  www.isoladelcinema.com
- **Museo degli orrori di Dario Argento** B/C5
  Skurriles Museum zu den Horrorfilmen des römischen Kultregisseurs unter dem Laden Profondo Rosso.
  Mo–Sa 11–13.30, 14–19.30 Uhr, 5 €.
  Via Gracchi 260 | Prati
  Tel. 063 21 13 95
  www.profondorossostore.com
- **Hollywood** C7
  Filme, Poster, DVDs, Bücher.
  Mo–Sa 10–19.30 Uhr, Aug. geschl.
  Via Monserrato 107
  Centro Storico
  www.hollywood-video.it

Barberini > S. 103. Im gleichnamigen Palazzo beginnt William Wylers »Ein Herz und eine Krone« (Roman Holiday, 1953) mit der Flucht von Prinzessin Ann (Audrey Hepburn) aus ihrem Alltag bei Hof – zunächst zu einem Friseur bei der **Fontana di Trevi** > S. 97, die allerdings erst mit Anita Ekbergs Bad in »La Dolce Vita« richtig berühmt wurde.

Die nächste Station holt Sie auf den tristen Boden des italienischen Neorealismus zurück. In der **Via del Traforo** spielt eine erschütternde Szene von Vittorio De Sicas oscarprämiertem Film »Fahrraddiebe« (Ladri di biciclette, 1948): Dem Plakatkleber Antonio Ricci (Lamberto Maggiorani) wird das Rad gestohlen, das er für seinen Job braucht. Mit seinem Sohn sucht er es verzweifelt in der ganzen Stadt.

Sie aber bummeln entspannt in Richtung Piazza di Spagna. In einem Café am Fuß der **Spanischen Treppe** > S. 96 spielt »Der talentierte Mr. Ripley« (The talented Mr. Ripley, 1999) Tom Ripley (Matt Damon) alias Dickie Greenleaf mit Dickies Verlobter Marge (Gwyneth Paltrow) und seiner Freundin Meredith (Cate Blanchett) Katz und Maus. Die Spanische Treppe liefert auch die Kulisse für den Entschluss von Prinzessin Ann, einen Tag mit dem charmanten Joe zu verbringen.

Auf der **Piazza del Popolo** > S. 95 stand Tom Hanks als Symbologe Robert Langdon für den Thriller »Illuminati« (2008) vor der Kamera. Ron Howard, der Dan Browns Bestseller über die Illuminaten und ein Attentat auf den Vatikan verfilmte, bekam keine Drehgenehmigung für Roms Kirchen. Das freie Spiel des Autors mit Religion und Geschichte hat eben nicht nur Fans (**Illuminati-Stadtführung,** Engl., Onlinebuchung, www.angelsanddemons.it, Start: S. Maria del Popolo, Di, Fr 9 Uhr, 4 Std., 56 €).

Die Metro A bringt Sie vom Piazzale Flaminio zum Vatikan. Die Kuppel der **Peterskirche** › S. 65 symbolisiert nicht nur in »Illuminati«, sondern auch in Francis Ford Coppolas »Der Pate III« (1990) die Macht der Kirche. In »La dolce vita« genießen Marcello und Sylvia von dort oben Roms Schönheit. Auf der Via dei Corridori folgen Sie dem »Il Passeto« genannten Fluchtweg der Päpste zur **Engelsburg** › S. 72. Hier entdeckt Langdon in »Illuminati« die geheime Kirche der Erleuchtung. Über den Tiber geht es zur **Piazza Navona** › S. 83 mit Berninis Vierströmebrunnen, der in »Illuminati« als vierter Tatort für das Element Wasser steht. Das unbeschwerte Lebensgefühl der High Society im Rom der 1950er-Jahre beschwört »Der talentierte Mr. Ripley« herauf. An der pittoresken **Piazza Mattei** › S. 89 findet der Hochstapler Tom im Palazzo Costaguti eine standesgemäße Bleibe. Vorbei am **Forum Romanum** › S. 78, zu sehen in »Der talentierte Mr. Ripley« und »Ein Herz und eine Krone«, geht es zur **Bocca della Verità** › S. 88, wo sich Joe und Ann auf die Probe stellen. Folgen Sie dann der Fährte von Vater und Sohn Ricci über den Ponte Palatino, am Lungotevere Ripa entlang zur **Porta Portese** › S. 131, wo sie auf dem Flohmarkt nach den Fahrraddieben suchen. Trastevere war auch das Pflaster von Pasolinis Drama »Mamma Roma« (1962 mit Anna Magnani als Prostituierte in der Titelrolle). Stärken Sie sich in der Trattoria Sora Lella › S. 89, die eine Schwester des Schauspielers Aldo Fabrizi eröffnete. Zu guter Letzt führt Sie ein Spaziergang auf den **Gianicolo** › S. 132 zur Fontana Paola, Ausgangsort des oscarprämierten Films »La Grande Bellezza« (2013) von Paolo Sorrentino. Hier lässt der alternde Journalist Jep mit Blick über Rom sein Leben Revue passieren. Es ist eng verknüpft mit der Stadt, die in einer Hauptrolle glänzt.

CINECITTÀ

Die Via Tuscolana führt zur **Cinecittà** (Ⓜ, Linie A). Wo früher Luchino Visconti, Federico Fellini oder Jean-Luc Godard mit Stars wie Kirk Douglas oder Elisabeth Taylor drehten (z. B. »Ben Hur« 1956, »Cleopatra« 1963), arbeiten später Martin Sorsese und Mel Gibson (»Gangs of New York« 2001, »The Passion« 2004). Heute entstehen hier neben Kinofilmen auch internationale TV-Formate. Das Set der HBO-Serie »Rome« (2005–2007) mit Nachbauten des Forum Romanum ist nach wie vor beeindruckend, sodass es gern für Werbe- und Videoclips genutzt wird. Auf dem 40 ha großen Areal gewähren Studiotouren und Ausstellungen Blicke hinter die Kulissen der Traumfabrik (Via Tuscolana 1055, http://cinecittasimostra.it, Mi–Mo 9.30–18.30, Tickets bis 16.30 Uhr).

INFOS VON A–Z

ÄRZTLICHE VERSORGUNG

Für alle EU-Bürger sind Arztbesuche und ambulante Behandlungen in Krankenhäusern gegen Vorlage der Europäischen Versicherungskarte, die in die übliche Versicherungskarte integriert ist, kostenlos. Zusätzlich empfiehlt sich allerdings der Abschluss einer Auslandskranken- und Rückholversicherung. Wichtige Medikamente gehören ins Handgepäck.

BARRIEREFREIES REISEN

Rom ist – im Gegensatz zum Vatikan – keine behindertengerechte Stadt, und auch die öffentlichen Verkehrsmittel sind nur sehr eingeschränkt nutzbar. Nur wenige Metrostationen sind behindertengerecht ausgebaut. Infos bei HandyTurismo, Via dell'Acquedotto Paolo 73, 00168 Rom (Mo–Fr 9–17 Uhr) oder (engl.) unter Tel. +39 06 35 07 57 07, www.handyturismo.it sowie unter Service-Tel. 06 57 17 70 94.

DIPLOMATISCHE VERTRETUNGEN

- **Bundesrepublik Deutschland:** Via San Martino della Battaglia 4 (Botschaft und Konsulat), Castro Pretorio, Tel. +39 06 49 21 31, www.rom.diplo.de
- **Österreich:** Via Pergolesi 3 (Botschaft), Tel. +39 068 44 01 41; Via Liegi 32, interno 1 (Konsulat), Pinciano, Tel. +39 068 41 82 12 www.aussenministerium.at/rom
- **Schweiz:** Via Barnaba Oriani 61 (Botschaft), Pinciano, Tel. +41 24 73 65 (rund um die Uhr), www.eda.admin.ch/roma

GELD UND WÄHRUNG

Italien verzichtet auf 1- und 2-Cent-Münzen. Preise werden ggf. auf- oder abgerundet. Es gibt viele Geldautomaten. Kreditkarten werden allgemein akzeptiert.

INFORMATION

- In Rom: **Turismo di Roma,** Via de San Basilio 51, Salustiano, www.turismoroma.it, **Callcenter:** Tel. + 39 06 06 08, www.060608.it
- **P. I. T.** (Infopunkte): Flughafen Fiumicino (Terminal 3, Ankunftshalle), Flughafen Ciampino (Ankunftshalle, Gepäckabholung), Stazione Termini (Gebäude F, Gleis 24), Via dei Fori Imperiali (Forum Romanum), Via Nazionale (Palazzo delle Esposizioni), Via Marco Minghetti (Fontana di Trevi), Piazza Sidney Sonnino, Piazza delle Cinque Lune (Navona), Via della Conciliazione (Auditorium), San Pietro (Largo del Colonnato), Ostia (Lungomare Paolo Toscanelli).
- Vatikanstadt: **Pilger- und Touristenamt** (Ufficio Pellegrini e Turisti),
- Petersplatz, 00120 Vatikan, Tel. +39 06 69 88 23 50, www.vatican.va
- **Deutsches Pilgerzentrum,** Via del Banco di S. Spirito 56, Centro Storico, Tel. +39 066 89 71 97, www.pilgerzentrum.net
- Büro der **ENIT** in Rom: Via Marghera 2, Castro Pretorio, Tel. +39 064 97 11, www.enit.it
- Büro der **ENIT** für Deutschland, Österreich und die Schweiz: Barckhausstr. 10, 60325 Frankfurt/Main Tel. 069/23 74 34, www.enit.de

NOTRUF

- Polizei, Feuerwehr, Unfallrettung: Tel. 112
- Pannendienst des ACI: Tel. +39 80 31 16 Mobil-Tel. 800 11 68 00
- ADAC-Notrufnummer in Italien: 800 32 22 22 (24 Std., kostenfrei) mobil: +39 03 92 10 41

GUT ZU WISSEN

- **Fahrverbote und Parkplätze:** Die Zufahrt ins historische Zentrum (ZTL-Bereich) ist nur mit einer speziellen Genehmigung erlaubt. Die Hotelanfahrt ist gestattet. Allerdings müssen Sie Ihr Kennzeichen vorher registrieren lassen. Bitten Sie Ihre Hotelrezeption darum, das für Sie zu übernehmen. Während Ihres Aufenthaltes sollten Sie das Auto in der Hotelgarage lassen. Ansonsten parken Sie auf einem der bewachten (kostenpflichtigen) Parkplätze am Stadtrand (innerhalb vom Autobahnring), die an den öffentlichen Nahverkehr angeschlossen sind (www.atac.roma.it): **Rebibbia** (Nordosten, Metrolinie B), Zufahrt: Via Casal de' Pazzi; **Anagnina** (Süden, Metrolinie A) Zufahrt: Via Tuscolana; **Laurentina** (Süden, Metrolinie B) Zufahrt: Via Francesco De Suppè (1,50 € für die ersten 12 Std., 2,50 € für bis zu 16 Std.).
- **Kombitickets für Museen:** Der **Roma Pass** (www.romapass.it) gilt 48 oder 72 Stunden (28 bzw. 38,50 €) und beinhaltet freien Eintritt zum ersten bzw. zu den ersten beiden der besuchten Museen oder archäologischen Stätten, Ermäßigungen bei allen weiteren sowie die freie Nutzung des Nahverkehrs. Neben der 7 Tage gültigen **Roma Archaeologia Card** (23 €) für Kolosseum, Forum Romanum, Palatin, Palazzo Altemps, Palazzo Massimo, Terme di Diocleziano, Crypta Balbi, Mausoleo di Caecilia Metella, Terme di Caracalla, und Villa dei Quintili gibt es folgende Kombitickets: Die **Appia Antica Card** (10 €, 7 Tage gültig) gewährt den Zugang zu den Terme di Caracalla, dem Mausoleo di Caecilia Metella und der Villa dei Quintili. Für den Besuch von **Forum Romanum, Palatin und Kolosseum** ist der Kauf eines 2 Tage gültigen Kombitickets (12 €) obligatorisch. Mit dem Ticket **Museo Nazionale Romano** (7 €, 3 Tage gültig) gelangt man in die vier Zweigstellen des Museums (Diokletiansthermen, Palazzo Massimo, Crypta Balbi, Palazzo Altemps). Die **Capitolini Card** (12,50 €, 7 Tage gültig) ermöglicht den Eintritt in die Kapitolinischen Museen und die Centrale Montemartini. Die Karten sind bei den Infopunkten für Touristen › S. 152 sowie an den jeweiligen Museumskassen und online mit einer Vorverkaufsgebühr von 1–2 € über www.coopculture.it oder über http://ticket.museiincomuneroma.it erhältlich.
- Die Eintrittspreise für Museen liegen in der Regel zwischen 10 und 15 €. In staatlichen Museen haben alle Kinder unter 6 Jahren immer, EU-Bürger unter 18 am ersten Sonntag im Monat gegen Vorlage des Ausweises freien Eintritt, ansonsten bekommen 6–24-Jährige Ermäßigungen. Für Sonderausstellungen werden Zuschläge erhoben.
- **Toiletten:** Museen und viel besuchte Kirchen verfügen über akzeptable Toiletten, ebenso der Bahnhof Termini. In Bars und Cafés wird erwartet, dass Sie etwas konsumieren.
- **Verbote:** Es besteht Rauchverbot in allen öffentlichen Gebäuden und gastronomischen Betrieben (spezielle Raucherzonen sind ausgeschildert). An einigen populären Sehenswürdigkeiten, z. B. an der Spanischen Treppe, ist der Verzehr von mitgebrachten Speisen und Getränken verboten. Diese Regelung gilt ganzjährig; Verstöße werden mit Geldstrafen geahndet. Bitte achten Sie auf entsprechende Beschilderungen.

ÖFFNUNGSZEITEN

- **Banken:** Mo–Fr 8.30–13.30 und 14.15 bis 15.30 oder 15.30–16.15 Uhr.
- **Geschäfte:** 8.30/9–12.30/13 Uhr sowie 15.30/16–19.30/20 Uhr. Lebensmittelläden sind Do nachmittags, sonstige Geschäfte Okt.–Juni Mo vormittag, Juni–Okt. Sa nachmittag und So geschlossen. Viele Geschäfte im Zentrum öffnen länger.
- **Kirchen:** Mittags oft geschlossen.
- **Museen:** Manchmal ergeben sich kurzfristige Änderungen, die über die Website oder Anfragen vorab zu klären sind. Kassen schließen im Allgemeinen 30–60 Minuten früher als die Ausstellungsräume, sonst siehe Hinweise im Text. Die meisten Sammlungen sind Mo geschlossen. Infos: www.060608.it, www.culturaitalia.it

POST

- **Hauptpost:** Piazza San Silvestro, Colonna, Tel. 06 67 71; Mo–Fr 8.30–18.30 Uhr, Sa 8.30–13 Uhr. Alle Postämter haben ähnliche Öffnungszeiten, z. B. das in der Via Scrofa 61.
- **Kleinere Postämter** öffnen 8.30 bis 14 Uhr, Sa bis 13 Uhr.
- **Vatikanpost** links an der Piazza San Pietro, 00120 Vatikan, und rechts (bei den Toiletten), Mo–Fr 8.30–19 Uhr, Sa 8.30–18.45 Uhr; So geschl.
  > **mehr S. 18 Punkt 41**

RECHNUNGEN UND BELEGE

Quittungen *(ricevuta fiscale)* inkl. Mehrwertsteuer *(IVA)* für Dienstleistungen in Restaurants, Autowerkstätten o.Ä. muss man einige Zeit für eventuelle Kontrollen der Finanzpolizei aufbewahren.

SICHERHEIT

Taschendiebstähle, z. B. in den überfüllten Verkehrsmitteln, kommen häufig vor. Deponieren Sie Ihre Wertsachen im Hotelsafe und parken Sie nur in Garagen oder auf bewachten Parkplätzen. Diebstähle können bei der nächstgelegenen Polizeidienststelle oder Carabinieri-Station gemeldet werden; Städtische Polizei Tel. 06 67 69 1

TELEFON UND HANDY

Die Ortsvorwahl ist fester Bestandteil der Telefonnummer, die »0« wird auch bei Telefonaten aus dem Ausland mitgewählt. Bei Handynummern fällt die »0« weg. Italienische Mobilnummern beginnen mit einer »3«.

Über die Mobilfunknetze von Telecom Italia (TIM), Wind Tre und Vodafon Omnitel funktionieren Handys (ital. *telefonino, cellulare*) problemlos. Innerhalb der EU gibt es keine Roaminggebühren mehr.

- **Internationale Ländervorwahlen:** Deutschland 00 49; Italien 00 39; Österreich 00 43; Schweiz 00 41.

ZOLL

- Für Reisende aus **EU-Staaten** sind zollfrei: 800 Zigaretten, 200 Zigarren, 1 kg Tabak, 10 l Spirituosen, 90 l Wein.
- **Schweizer** dürfen Geschenke im Wert von 300 CHF, 200 Zigaretten, 1 l Spirituosen und 2 l Wein mit nach Hause bringen.

URLAUBSKASSE

• Espresso al bar/ am Tisch:	1,50/4 €
• Softdrink al bar/ am Tisch:	2,60/4,50 €
• Glas Wein al bar/ am Tisch:	2,50/4 €
• Imbiss (Panino, Pizza):	5 €
• Kugel Eis:	1 €
• Taxifahrt (im Zentrum):	15 €
• Mietwagen/Tag:	ab 40 €
• 1 l Superbenzin:	1,65 €

REGISTER

BILDNACHWEIS

Coverfoto: Via dei Coronari, Rom © Getty Images/LOOP IMAGES/Tiara Anggamulia
Fotos Umschlagrückseite: Shutterstock/BAHADIR ARAL AVCI (links); www.andreadilorenzo.it (Mitte); Seasons Agency/Jalag/Gerald Hänel (rechts)

Alamy/AEP: 133; Daniele Messina: 113; Fotolia/ilonal: 70; Fotolia/lpictures: 143; Fotolia/Piotr Wzietek: 66; Getty Images/Franz-Marc Frei: 18; Getty Images/SinFactory Media: 43; Getty Images/Tino Soriano: 58; Huber Images/Bernhart: 77; Huber Images/Anna Serrano: 48; Huber Images/G. Simeone: 80, 134; Huber Images/Luigi Vaccarella: 60/61; Jahreszeiten Verlag/Klaus Bossemeyer: 9, 82; Jahreszeiten Verlag/GARP/Gerald Hänel: 19, 20/21, 23, 39, 105, 119, 125; Jahreszeiten Verlag/GourmetPictureGuide: 101; laif/Mauro Galligani: 106; laif/Miquel Gonzalez: 126; laif/hemis.fr/Rene Mattes: 148; laif/Frank Heuer: 28, 99; laif/Annette Schreyer: 44/45, 55; Lookphotos/Hans Georg Eiben: 6; Lookphotos/SagaPhoto: 68; Massimo Mastrorillo: 89; mauritius images/imagebroker: 115; Renate Nöldeke: 8; RomaCulta/Alessandro Canestrini: 30; Schwapowalow/Luigi Vaccarella: 71, 96; Seasons Agency/GourmetPictureGuide: 32; Seasons Agency/Jalag/Klaus Bossemeyer: 13, 22, 139; Seasons Agency/Jalag/Andrea Di Lorenzo: 15, 37; Seasons Agency/Jalag/Gerald Hänel: 62, 74; Shutterstock/Frank Bach: 130; Shutterstock/BAHADIR ARAL AVCI: 41; Shutterstock/Alfredo Cerra: 12; Shutterstock/danileon: 93; Shutterstock/DFLC Prints: 98, 145; Shutterstock/DnDavis: 52; Shutterstock/f11photo: 59; Shutterstock/Gianluca Figliola Fantini: 14; Shutterstock/Kirk Fisher: 10; Shutterstock/gabriele gelsi: 117; Shutterstock/Isogood_patrick: 16; Shutterstock/JJFarq: 73; Shutterstock/mavo: 17; Shutterstock/Christian Mueller: 56; Shutterstock/MZeta: 27; Shutterstock/Tupungato: 109; Shutterstock/vvoe: 91; Unsplash/Kai Pilger: 51; Wikipedia/gemeinfrei: 121; www.andreadilorenzo.it: 34.

Liebe Leserin, lieber Leser,
wir freuen uns, dass Sie sich für diesen POLYGLOTT on tour entschieden haben. Unsere Autorinnen und Autoren sind für Sie unterwegs und recherchieren sehr gründlich, damit Sie mit aktuellen und zuverlässigen Informationen auf Reisen gehen können. Dennoch lassen sich Fehler nie ganz ausschließen. Wir bitten Sie um Verständnis, dass der Verlag dafür keine Haftung übernehmen kann.

Ihre Meinung ist uns wichtig. Bitte schreiben Sie uns:
GRÄFE UND UNZER VERLAG
Postfach 86 03 66, 81630 München, Tel. 0 89 / 419 819 41
www.polyglott.de

LESERSERVICE
polyglott@graefe-und-unzer.de
Tel. 0 800 / 72 37 33 33 (gebührenfrei in D, A, CH), Mo–Do 9–17 Uhr, Fr 9–16 Uhr

1. Auflage 2019

Dieses Buch wurde auf chlorfrei gebleichtem Papier gedruckt.
ISBN 978-3-8464-0384-6

Bei Interesse an maßgeschneiderten B2B-Editionen:
gabriella.hoffmann@graefe-und-unzer.de

Verlagsredaktion: Anne-Katrin Scheiter
Autorin: Renate Nöldeke
Redaktion: Elke Sagenschneider Texte und Projekte, München
Bildredaktion: Dr. Nafsika Mylona, Alena Siamionava
Mini-Dolmetscher: Langenscheidt
Umschlaggestaltung & Layout: Independent Medien Design, München Horst Moser (Artdirection), Lucie Heselich
Karten und Pläne: Theiss Heidolph und Kunth Verlag GmbH & Co. KG
Satz: Tim Schulz, Mainz
Herstellung: Anna Bäumner
Druck und Bindung: Printer Trento, Italien

PEFC
PEFC/18-31-506

GRÄFE UND UNZER

Ein Unternehmen der
GANSKE VERLAGSGRUPPE

MINI-DOLMETSCHER ITALIENISCH

ALLGEMEINES

Guten Tag.	Buongiorno. [buon**d~~sch~~or**no]
Hallo!	Ciao! [**tscha**o]
Wie geht's?	Come sta? [**ko**me sta]
Danke, gut.	Bene, grazie. [**bä**ne **gra**zje]
Ich heiße ...	Mi chiamo ... [mi kj**a**mo]
Auf Wiedersehen.	Arrivederci. [arriwe**der**tschi]
Morgen	mattina [mat**ti**na]
Nachmittag	pomeriggio [pome**rid~~sch~~o**]
Abend	sera [**ß**era]
Nacht	notte [**no**tte]
morgen	domani [do**ma**ni]
heute	oggi [**o**d~~sch~~i]
gestern	ieri [**jä**ri]
Sprechen Sie Deutsch?	Parla tedesco? [**par**la te**des**ko]
Wie bitte?	Come, prego? [**ko**me **prä**go]
Ich verstehe nicht.	Non capisco. [non ka**pis**ko]
Sagen Sie es bitte nochmals.	Lo può ripetere, per favore. [lo pu**o** ri**pä**tere per fa**wo**re]
..., bitte.	..., per favore. [per fa**wo**re]
danke	grazie [**gra**zje]
Keine Ursache.	Prego. [**prä**go]
was / wer / welcher	che / chi / quale [ke / ki / ku**a**le]
wo / wohin	dove [**do**we]
wie / wie viel	come / quanto [**ko**me / ku**an**to]
wann / wie lange	quando / quanto tempo [ku**an**do / ku**an**to **täm**po]
warum	perché [per**ke**]
Wie heißt das?	Come si chiama? [**ko**me ßi kj**a**ma]
Wo ist ...?	Dov'è ...? [do**wä**]
Können Sie mir helfen?	Mi può aiutare? [mi pu**o** aju**ta**re]
ja	sì [ßi]
nein	no [no]
Entschuldigen Sie.	Scusi. [**sku**si]
Gibt es hier eine Touristeninformation?	C'è un ufficio di turismo qui? [**tschä** un uf**fi**tscho di tu**ris**mo ku**i**]
Haben Sie einen Stadtplan?	Ha una pianta della città? [a **u**na pj**an**ta **del**la tschit**ta**]
Wann ist ... geöffnet?	A che ora è aperto (m.) / aperta (w.) ...? [a **ke o**ra ä a**pär**to / a**pär**ta]
das Museum	il museo (m.) [il mu**se**o]

SHOPPING

Wo gibt es ...?	Dove posso trovare ...? [**do**we **pos**so tro**wa**re]
Wie viel kostet das?	Quanto costa? [ku**an**to **kos**ta]
Wo ist eine Bank?	Dov'è una banca? [do**wä** una **bang**ka]
Ich suche einen Geldautomaten.	Dove posso trovare un bancomat? [**do**we **pos**so tro**wa**re un bangko**mat**]
Geben Sie mir 100 g Käse / zwei Kilo Pfirsiche	Mi dia un etto di formaggio / due chili di pesche. [mi **di**a un **ät**to di for**mad~~sch~~o** / **due ki**li di **pä**ske]
Wo kann ich telefonieren / eine Telefonkarte kaufen?	Dove posso telefonare / comprare una scheda telefonica? [**do**we **pos**so telefo**na**re / kom**pra**re una **ske**da tele**fo**nika]

ESSEN UND TRINKEN

Die Speisekarte, bitte.	Il menu per favore. [il me**nu** per fa**wo**re]
Brot	pane [**pa**ne]
Kaffee	caffè / espresso [kaf**fä** / es**präs**so]
Tee	tè [tä]
mit Milch / Zucker	con latte / zucchero [kon **lat**te / **zuk**kero]
Orangensaft	succo d'arancia [**suk**ko da**ran**tscha]
Mehr Kaffee, bitte.	Un altro caffè, per favore. [un **al**tro kaf**fä** per fa**wo**re]
Suppe	minestra [mi**näs**tra]
Nudeln	pasta [**pas**ta]
Fisch / Meeresfrüchte	pesce / frutti di mare [**pe**sche / **frut**ti di **ma**re]
Fleisch	carne [**kar**ne]
Geflügel	pollame [pol**la**me]
Beilage	contorno [kon**tor**no]
vegetarische Gerichte	piatti vegetariani [pj**at**ti wed~~sch~~etar**ja**ni]
Ei	uovo [u**o**vo]
Salat	insalata [inßa**la**ta]
Dessert	dolci [**dol**tschi]
Obst	frutta [**frut**ta]
Eis	gelato [d~~sch~~e**la**to]
Wein	vino [**wi**no]
Bier	birra [**bir**ra]
Wasser	acqua [**a**kua]
Mineralwasser	acqua minerale [akua mine**ra**le]
mit / ohne Kohlensäure	gassata / naturale [gas**sa**ta / natu**ra**le]
Ich möchte bezahlen.	Il conto, per favore. [il **kon**to per fa**wo**re]

MEINE ENTDECKUNGEN

Teilen Sie Ihre Entdeckungen auf facebook.com/Polyglottreisewelt.

CHECKLISTE ROM

Nur da gewesen oder schon entdeckt?

- [ ] **BLICK ÜBER DIE EWIGE STADT**
Atemberaubend ist die Verschmelzung von Architektur und Malerei in der Kuppel der Peterskirche, die Aussicht von dort ist es ebenso. > S. 16

- [ ] **SONNTAG IN DER VILLA BORGHESE**
Von einem Besuch in der Galleria Borghese bis zur Ruderpartie auf dem See im Giardino del Lago garantiert Roms grüne Lunge volles Vergnügen bei jedem Wetter. > S. 12

- [ ] **MICHELANGELOS MALERISCHER GENIESTREICH**
Die vollendete Sinnlichkeit und unerschöpfliche Formenvielfalt der menschlichen Körper in den Fresken der Sixtinischen Kapelle überwältigte schon Päpste. > S. 70

- [ ] **OPEN-AIR-KINO AUF DER TIBERINSEL**
Ein Sommer in der Stadt ist ohne laue Filmnacht bei einem Gläschen Wein – oder auch zwei – auf der romantischen Flussinsel einfach undenkbar. > S. 150

- [ ] **MIT DEM FAHRRAD IN DIE ANTIKE**
Eine Radtour auf den Spuren römischer Legionen führt von der Aurelianischen Stadtmauer über die Via Appia Antica. > S. 13

- [ ] **CREMIGE VERSUCHUNG**
Kein Eis zergeht so auf der Zunge wie der cremige, vollmundige Klassiker von der Gelateria Giolitti. > S. 15

- [ ] **ROM AUF WUNSCH**
Wer sich von der traumhaften Kulisse des Trevibrunnens einmal abwendet und eine Münze über die Schulter ins Becken wirft, kehrt garantiert nach Rom zurück – sicher schon ganz bald! > S. 12

MITBRINGSEL

- **Caffè mit Stil:** Die sonnengelben Espressotassen der Kaffeerösterei Sant'Eustacchio. > S. 17
- **Dolce Vita in Tüten:** Trockenfrüchte *(Frutta Secca)* sind süß und bunt. > S. 18